सिंहासन खाली है

पत्र व्यवहार का पता
सुशील कुमार सिंह
ई-45, महानगर विस्तार
लखनऊ-226006 (उ.प्र.)

सिंहासन खाली है

सुशील कुमार सिंह

वाणी प्रकाशन

वाणी प्रकाशन

'लोगो' वाणी प्रकाशन : मक़बूल फ़िदा हुसेन

वाणी प्रकाशन, 4695, 21-ए, दरियागंज, नयी दिल्ली-110002
वाणी प्रकाशन, अशोक राजपथ (पटना कॉलेज के सामने), पटना (बिहार)

SINHASAN KHALI HAI

by Sushil Kumar Singh

Play

ISBN : 978-93-5000-461-6

प्रथम संस्करण

मूल्य : 50/-

वाणी प्रकाशन

फोन : 0091#11#23273167, फोन व फैक्स 23275710

वेबसाइट : www.vaniprakashan.in

ई-मेल : vaniprakashan@gmail.com

आर.टेक ऑफसेट प्रिंटर्स द्वारा दिल्ली-110095 में मुद्रित

समर्पण

'सिंहासन खाली है'
समर्पित है
उस भोली-भाली निरीह जनता को जो हर बार छली जाती है
धूर्त, मक्कार, स्वार्थी, बाहुबली, रंगारंग टोपी वाले, गिरगिटी
नेताओं और उनके दलों द्वारा।

मंचन 'सिंहासन खाली है'

इस नाटक का प्रथम मंचन 'दर्पण' लखनऊ के कलाकारों द्वारा लखनऊ के रवीन्द्रनालय प्रेक्षागृह में किया गया। तत्पश्चात् इसी संस्था के कलाकारों द्वारा दिल्ली सहित विभिन्न नगरों में कुल मिला कर लगभग 35 प्रदर्शन किये गये। 'प्रतिध्वनि' कानपुर द्वारा भी विभिन्न स्थलों पर 15 प्रदर्शन किये गये एवं 2 जून, 1974 को इस प्रकार कुल 50 प्रदर्शन पूरे होने पर स्वर्ण जयन्ती प्रस्तुति की गई। कलाकारों का विवरण निम्नवत है :

दर्पण, लखनऊ

सूत्रधार	प्रयागदीन
महिला	शोभना अग्रवाल
पुरुष	विमल बनर्जी
नेता	विजय वास्तव
एक	आशीष सिन्हा
दो	वीरेन्द्र अग्रवाल
तीन	प्रभात कुमार
निर्देशक	बंसी कौल
प्रस्तुति	प्रो. सत्यमूर्ति

प्रतिध्वनि, कानपुर

सूत्रधार	अशोक गोस्वामी
महिला	शोभा अग्रवाल
पुरुष	के. कुमार
नेता	विजय दीक्षित
एक	रमेश बवेजा
दो	यशपाल खरबन्दा
तीन	अजय मुखर्जी
निर्देशक	सुशील कुमार सिंह
ध्वनि प्रभाव	ओ.पी. अवस्थी

उक्त प्रदर्शनों के अलावा विभिन्न नाट्य-संस्थानों द्वारा देश-प्रदेश के विभिन्न नगरों में अनेकानेक प्रदर्शन किये गये। शायद ही कोई प्रदेश ऐसा हो जहाँ इसके प्रदर्शन न हुए हों। लगभग सभी भारतीय भाषाओं में इसका अनुवाद किया गया। अब तक इस नाटक के पाँच हजार से अधिक मंचन किये जा चुके हैं।

एक अन्तःकथा : सिंहासन खाली है

साम्राज्य लिप्सा, राजनैतिक कुचक्रों, झूठे वादों, कोरे आश्वासनों और सत्ता अथवा सिंहासन के प्रति मोह ने जनता को सदैव उत्पीड़ित किया है। मानव सभ्यता के क्रमिक विकास के दौर में जब पहली बार 'सत्ता', 'सिंहासन' तथा 'राजा' की स्थापना हुई होगी, शायद तभी से बहुत स्वाभाविक रूप में राजा और प्रजा के मधुर सम्बन्धों के बीच यह ज़हर घुल गया होगा। राजा इस विश्वास के साथ बनाया जाता है कि वह सत्ता और सिंहासन से समृद्ध एवं सशक्त होकर प्रजा का पोषण तथा रक्षण करेगा किन्तु राजा, राजा बनते ही निरंकुश हो जाता है, स्वार्थी हो जाता है, बेईमान हो जाता है, मदान्ध हो जाता है। प्रजा के हित की बात तो दूर, उसका शोषण और भक्षण करने लगता है। इसी प्रकार सत्ता के साथ विरोध जन्म लेता है और विरोध संघर्ष, षड्यंत्र और हत्याओं की रचना करता है। ये परिस्थितियाँ हर देश, काल में होती आयी हैं। अभी भी कोई परिवर्तन नहीं है हाँ स्वरूप अवश्य बदल गया है। शोषक और अहितकारी राजा से बोझिल 'सिंहासन' सही अर्थों में खाली ही कहा जायेगा जब तक कि कोई सुपात्र उसे ग्रहण न कर ले। शासन जनता के हित में न हो जाये।

'सिंहासन खाली है' सातवें दशक में लिखा गया था। स्वतंत्रता प्राप्ति के बाद भारतीय लोकतन्त्र के राजनैतिक चरित्र में जिस तेजी से गिरावट आई वह किसी से छुपी नहीं है। जनता को झूठे आश्वासन एवं खोखले नारे तथा स्वयं सत्ता सुख का गिद्धभोज...जनता की आशाओं, उम्मीदों, आहों, कराहों, बेबसी, मज़बूरी आदि की नंगी-भूखी देह पर। टोपी का रंग कोई भी हो...झण्डे का रंग कैसा भी हो...निशानों का प्रतीक कितना भी लुभावना क्यों न हो, मूल रंग-ढंग-चरित्र सब एक जैसा...यह नाटक तो मात्र एक दर्पण है भारतीय राजनीति के चरित्र का, यथार्थ इससे भी ज्यादा भयावह है।

इस नाटक का प्रथम मंचन 'दर्पण' लखनऊ में श्री बंसी कौल के निर्देशन में किया गया। राष्ट्रीय नाट्य विद्यालय से रंग कर्म में दीक्षित होकर 'फ्री-लांसिंग' कर रहे थे। 'दर्पण' के संस्थापक-सचिव तथा रंग प्रबन्धन के गुरु स्व. प्रो. सत्यमूर्ति को ही यह श्रेय जाता है कि उन्होंने राष्ट्रीय नाट्य विद्यालय से प्रशिक्षित नाट्य-निर्देशकों

के रंगकर्म से उत्तर प्रदेश के रंगकर्मियों को परिचित कराया। दर्पण की गतिविधियाँ प्रारम्भ में कानपुर में ही केन्द्रित थीं किन्तु सत्यमूर्ति जी रंग साम्राज्य फैलाने की महत्वाकांक्षी लिप्सा रखते थे और स्वयं को एकमात्र रंग क्षत्रप स्थापित करना चाहते थे। इसी क्रम में उन्होंने पहले लखनऊ में और फिर अन्य कस्बों, नगरों में 'दर्पण' की शाखायें स्थापित की थीं। 'दर्पण' लखनऊ अभी भी सक्रिय है किन्तु अन्य शाखायें प्रोफेसर साहब के न होने पर कालातीत हो गईं। बहरहाल, हिन्दी के नाटककारों को अपने नाटक मंचित करने के लिए स्वयं निर्देशक बनना और नाट्य-संस्था बनाकर सभी साधन-संसाधन जुटाने की मजबूरी होती है। मैंने भी कानपुर में 'प्रतिध्वनि' संस्था स्थापित कर स्वयं के कई नाटक निर्देशित-मंचित किये थे, जिनमें, 'बापू की हत्या हज़ारवीं बार', 'अंधेरे के राही', 'आचार्य रामानुज' आदि भी शामिल हैं। मुझे यह स्थिति ठीक नहीं लगी। उन्हीं दिनों मैंने 'सिंहासन खाली है' नाटक लिखा था...मैंने नाटक बंसी जी को दिखाया। उन्हें नाटक काफी अच्छा लगा और उन्होंने सत्यमूर्ति जी से उसके मंचन की इच्छा जताई। वह भी सहमत हुए लेकिन उन्होंने कहा, "अगर कानपुर 'दर्पण' से सुशील का नाटक होगा तो 'पालटिक्स' होगी। इसे लखनऊ 'दर्पण' से किया जाये और पहले किसी को न बताया जाय। कहा जायेगा साउथ से नयी स्क्रिप्ट आयी है। हिन्दी रंगकर्मी बाहर की स्क्रिप्ट हाथो-हाथ लेता है।" बंसी भाई भी 'सिचुएशन' को 'इन्ज्वाय' करते हुए बोले, "हाँ, मास्साब, कलाकारों से कह देंगे, केरल से स्क्रिप्ट आयी है" एम. एल. चेट्टियार की। यह एक काल्पनिक नाम था।

...प्रोफेसर साहब उन्नाव के एक डिग्री कॉलेज में थे। छोटे-बड़े सभी उन्हें 'मास्साब' के नाम से ही पुकारते थे। रंग कूटनीति के माहिर थे 'मास्साब'। जैसा उन्होंने तय किया था वैसा ही किया गया। 'दर्पण' लखनऊ के कलाकारों को भी नाटक बहुत पसन्द आया। पूर्वाभ्यास प्रारम्भ हो गया। बंसी जी निर्देशित कर रहे थे।

पन्द्रह दिन बाद सत्यमूर्ति जी मुझे लेकर लखनऊ गये। पूर्वाभ्यास चल रहा था। बंसी जी की पैनी नज़र उस पर थी। यह एक "रन थ्रू" था यानी बिना किसी अवरोध के पूरे नाटक की पूर्वाभ्यास प्रस्तुति। यह तय हो जाता है तब सभी कलाकारों को निर्देशक द्वारा तय की गई शैली के अनुरूप संवाद, भाव-भंगिमा, गति संचालन आदि याद हो जाता है। 'दर्पण' लखनऊ के कई वरिष्ठ और अनुभवी कलाकार अभिनय कर रहे थे, दो-तीन नये लड़के भी थे। बंसी जी का 'ट्रीटमेण्ट', 'फार्सिकल' था। पूर्वाभ्यास की समाप्ति पर सभी कलाकार एक स्वर में नाटक की प्रशंसा करने लगे, "एम. एल. चेट्टियार साहब ने क्या नाटक लिखा है।" 'मास्साब' दो उँगलियों के बीच सिगरेट दबा कर मुट्ठी बन्द कर सिगरेट के कश खींचा करते थे। कुछ देर तक सिर झुकाये, कश-पे-कश लेते हुए, सुनते रहे फिर सिगरेट की राख चुटकी बजा

कर झाड़ते हुए बोले, "बस, बहुत हुआ। ये नाटक इसका है।" मैं उनके बगल में ही बैठा कौतूहलपूर्वक सब देख-सुन रहा था। बोले, "इसका...सुशील कुमार सिंह का...इसने लिखा है यह नाटक।"

कुछ पलों के लिए सन्नाटा सा खिंच गया। नाट्य प्रस्तुति की तिथि प्रचारित हो चुकी थी। प्रेक्षागृह आदि बुक हो चुका था। सभी तैयारियाँ हो चुकी थीं। कोई कदम पीछे लौटाना मुश्किल था...तभी सन्नाटे को तोड़ते हुए 'दर्पण' लखनऊ के श्री स्वदेश बन्धु जो अच्छे कलाकार भी हैं और व्यवस्थापक भी मेरी ओर प्रशंसात्मक दृष्टि से देखते हुए बोले, "वाह! सुशील क्या नाटक लिखा है।" अन्य लोग भी सहज हो कर प्रशंसा करने लगे। नाट्य प्रस्तुति हुई तो लगा जैसे कुछ घटित हो गया हो...सभी पत्र-पत्रिकाओं और रंगकर्मियों के बीच यह चर्चा का विषय था। फिर तो 'दर्पण' द्वारा लगातार इसके लगभग 35-40 प्रदर्शन विभिन्न स्थानों पर किये गये। 'प्रतिध्वनि' कानपुर के साथ मैंने स्वयं भी इस नाटक को प्रस्तुत किया। लगभग दस प्रदर्शन किये। पुस्तक प्रकाशित होने पर तो इसके प्रदर्शनों की झड़ी-सी लग गई। नाट्य-संस्थानों और रंग निर्देशकों का यह प्रिय नाटक बना। शायद ही कोई ऐसा शहर या प्रदेश बचा हो जहाँ इसके प्रदर्शन न हुए हों। लगभग सभी भारतीय भाषाओं में अनुवादित हुआ। विभिन्न अकादमियों, सरकारी-गैर सरकारी संस्थानों आदि नाट्य-प्रतियोगिताओं में इसे सर्वश्रेष्ठ नाटक का पुरस्कार मिला। हिन्दी की तत्कालीन लगभग सभी प्रतिष्ठित पत्र-पत्रिकाओं दिनमान, धर्मयुग, सारिका, नवरंग आदि में समीक्षायें छपीं। अभी भी इस नाटक के मंचन की अनुमति के लिए पत्र आते रहते हैं। पूरे देश में पाँच हजार से अधिक मंचन इसके हो चुके हैं। लगभग आठ संस्करण प्रकाशित हो चुके हैं। आपातकाल के दौरान इसके प्रदर्शन जो विभिन्न नाट्य-संस्थानों द्वारा अलग-अलग नगरों में किये जा रहे थे, उन पर रोक लगा दी गई थी। खुफिया एजेन्सियाँ मुझे ढूँढ़ते हुए कानपुर में मेरे घर पर दस्तक दे रही थीं। मैं राष्ट्रीय नाट्य विद्यालय में नाट्य-निर्देशन का प्रशिक्षण प्राप्त कर रहा था (सन् 1974-77) खुफिया विभाग के लोग विद्यालय के निदेशक एवं मेरे गुरु श्री इब्राहिम अल्काज़ी साहब से भी मेरी गतिविधियों के विषय में जानकारी करने पहुँच गये थे...अल्काज़ी साहब ने अपनी विशेष पहुँच के बल पर उनसे मेरा पीछा छुड़ाया। उन्होंने मुझे भी आगाह किया कि फिलहाल मैं खामोश बैठूँ और ऐसी कोई भी गतिविधि न करूँ जिससे मैं अरेस्ट हो जाऊँ और मेरा प्रशिक्षण बाधित हो जाये। 'सिंहासन खाली है' अन्य संस्थायें प्रस्तुत कर रही थीं और 'विजिलेंस' के लोग मुझे ढूँढ़ रहे थे। इसी बीच मैंने आपातकाल पर विशेष रूप से अपना दूसरा राजनैतिक रंग नाटक 'नागपाश' का मंचन भी गुड़गाँव के स्टेडियम में हज़ारों दर्शकों के बीच किया था। तत्कालीन हरियाणा सरकार जो काँग्रेस की थी और वहाँ के वित्त मंत्री नाट्य प्रस्तुति के मुख्य

अतिथि थे...इस प्रस्तुति में क्या-क्या रोमांचक घटनायें मेरे साथ घटीं इसका विस्तार में उल्लेख मैं 'नागपाश' नाटक की भूमिका में कर चुका हूँ यहाँ सिर्फ इतना बताना चाहता हूँ कि इस मामले में हरियाणा पुलिस के लोग मेरी खोज-बीन करते हुए एन. एस. डी. पहुँचे थे। पटना में जन नायक श्री जयप्रकाश नारायण जी की उपस्थिति में उनके जन्मदिन के अवसर पर कोई नाट्य-संस्था 'सिंहासन खाली है' की प्रस्तुति कर रही थी उसे रोक दिया गया था और कलकत्ता के श्री बद्रीप्रसाद जी की नाट्य-संस्था ने पच्चीस प्रदर्शन आयोजित करने का संकल्प लिया था किन्तु तीन-चार प्रदर्शनों के बाद ही इस नाटक के प्रदर्शन पर रोक लगा दी गई थी। इन जगहों से भी 'विजिलेंस' के लोग कानपुर में मेरे घर के लोगों को तंग कर रहे थे। एन. एस. डी.में मेरे पास मेरी माँ को पत्र आया जिसमें उन्होंने यह सब बताते हुए पूछा था, "ऐसा तू क्या कर रहा है बेटा? जो पुलिस तेरे पीछे पड़ी है। जल्दी से घर आओ बदनामी हो रही है।" सीधा-सरल परिवार था। पिताजी सरकारी नौकरी पर थे वह भी रक्षा उपकरणों का उत्पादन करने वाली "हार्नेस फैक्ट्री" में। मैं कानपुर गया। माँ को आश्वासन दिया कि मैंने कोई अपराध नहीं किया है। सिर्फ राजनैतिक हालातों पर नाटक लिखे हैं और अन्य लोग मंचित कर रहे हैं। सरकार को लगता है कि यह उनके हित में नहीं है।

कानपुर के डी.ए.वी. कॉलेज में मैंने स्नातक तक शिक्षा ग्रहण की थी। दयानन्द समूह शिक्षण संस्थानों के संस्थापक तथा तत्कालीन उत्तर प्रदेश विधान परिषद के अध्यक्ष थी वीरेन्द्र स्वरूप जी जो मुझे अच्छी तरह जानते थे। डी.ए.वी. डिग्री कॉलेज, कानुपर के रजत जयन्ती समारोह में उन्होंने मेरे द्वारा निर्देशित एवं लिखित नाटक 'बापू की हत्या हजारवीं बार' देखा भी था। वह मुझे स्नेह भी करते थे। उनसे मैं मिला। उन्हें सारी स्थिति से अवगत कराया। उन्होंने मुझे आश्वस्त किया, "सुशील राष्ट्रीय नाट्य विद्यालय में अपनी 'स्टडी' जारी रखो मैं देख लूँगा।" सचमुच उन्होंने अपने प्रभाव से मुझे इस विपत्ति से छुटकारा दिलाया। मेरे घर इसके बाद कोई पुलिस-खुफिया नहीं पहुँची। मेरी माँ और घर वालों ने चैन की साँस ली और मैंने भी। अन्यथा मैं भी 'तिहाड़' जेल में होता और डंडी-मार्च हो रहा होता...। यह बताना भी जरूरी है यहाँ कि श्री 'चन्दू बाबू' पक्के कांग्रेसी थे।

...और भी अनेकानेक स्मृतियाँ हैं इस नाटक के सन्दर्भ में उन सबकी चर्चा करना यहाँ संभव नहीं है लेकिन विभिन्न निर्देशकों, नाट्य-संस्थानों द्वारा प्रस्तुत किये गये इस नाटक के अनेक प्रदर्शन देखे मैंने। प्रदर्शन के अन्दाज अलग-अलग थे लेकिन सन्देश एक ही उभरता था...जो मैं नाटक के माध्यम से कहना चाहता था और यह दर्शकों तक पहुँचता भी था।

मैं इस पूर्व प्रकाशन के माध्यम से उन सभी संस्थाओं, रंगकर्मियों, कलाकारों,

निर्देशकों तथा दर्शकों के प्रति हार्दिक रूप से आभार प्रकट करना चाहता हूँ जिन्होंने इस नाटक को अपने परिश्रम, रचनात्मकता तथा रंग बोध एवं रंग प्रेम से लोकप्रियता के नये आयाम दिये।

स्व. प्रो. सत्यमूर्ति जी एवं श्री बंसी कौल जी का आभार प्रकट करने के लिए मेरे पास शब्द नहीं हैं उन्होंने हिन्दी के एक नवोदित रचनाकार को मंच दिया था। स्व. श्री जितेन्द्र ने अपने बहुमूल्य सुझावों से नाटक के आलेख को सशक्त बनाने में सहयोग प्रदान किया था। श्री अरुण माहेश्वरी मेरे बहुत पुराने मित्र और प्रकाशक हैं। उन्होंने मेरे उन सभी नाटकों को जो अन्य प्रकाशनों द्वारा समय-समय पर प्रकाशित किये गये थे और अब अनुपलब्ध थे, को एक साथ प्रकाशित करने में रुचि ली उनका भी कृतज्ञ हूँ। 'सिंहासन खाली है' अपने मूल स्वरूप में अब पुनः आप के पास है और आप महसूस करेंगे, राजनैतिक स्थितियाँ, विद्रूप, विसंगतियाँ, सत्ता और सिंहासन के लिए लोलुपता, खींचतान, नेताओं के गिरगिटी रंग, नये नारे, कोरे आश्वासन, जनता की बदहाली, चुनावी दाँव-पेंच आदि सभी आज भी जैसे के तैसे हैं। कहीं कोई बदलाव नहीं...न केवल अपने देश में, बल्कि दुनिया के किसी भी देश में।

14.1.2008

– **सुशील कुमार सिंह**

(मंच पर अँधेरा। प्रारम्भिक संगीत के साथ खाली सिंहासन पर प्रकाश उभरता है। सिंहासन प्रकाश से जब पूर्णतया जगमगा उठता है तब सूत्रधार मंच के दाहिने अग्रभाग में दिखाई देता है। सूत्रधार विनम्र-भाव से दर्शकों को सम्बोधित करता है।)

सूत्रधार : आमन्त्रित सज्जनो! मुझे एक सुपात्र की तलाश है। सुपात्र जो इस सिंहासन पर बैठ सके। मनुष्य का इतिहास सिंहासन पर बैठने का इतिहास है। यह न होता तो शायद मनुष्य के इतिहास का निर्माण भी न होता। अनादि काल से सिंहासन खाली नहीं रहा...लेकिन आज...आज यह सिंहासन खाली है...अभी-अभी खाली हो गया है क्योंकि इस पर बैठने वाला राजा सत्य, अहिंसा और न्याय की हत्या करके भाग गया है।

(क्षणिक मौन)

मुझे सुपात्र की तलाश है। सुपात्र जो इस सिंहासन पर बैठ सके। कोई है?...क्या कोई ऐसा व्यक्ति है जो इस सिंहासन पर बैठकर सत्य, अहिंसा और न्याय की पुनःप्रतिष्ठा कर सके? कोई है?

(क्षणिक मौन)

कोई प्रतिक्रिया नहीं...आप सब मौन हैं? आप में से क्या कोई भी ऐसा व्यक्ति नहीं मिलेगा जो इस सिंहासन पर बैठ सके? ...तो क्या यह सिंहासन खाली रहेगा?

(क्षणिक मौन)

आइये आइये, सिंहासन पर बैठिये। इसे खाली मत रहने दीजिए। यह आपको सर्वशक्तिमान, सत्तासम्पन्न बनायेगा... और आप इस पर बैठकर सत्य, अहिंसा और न्याय की मनचाही व्याख्या कर सकेंगे।...आइये, आइये, संकोच मत कीजिए। मुझे वास्तव में सुपात्र की तलाश है।

(दर्शकों के बीच से एक महिला)

महिला : **(ऊँचे स्वर में)** एक्सक्यूज मी...क्या महिलाओं को चान्स नहीं मिलेगा?

सूत्रधार : **(उत्साहित होकर)** हाँ, हाँ क्यों नहीं। महिलाएँ कई बार पुरुषों से अधिक योग्य साबित हुई हैं...आइये पधारिये, हो सकता है आप ही वह सुपात्र हों जिसकी हमें तलाश है।

महिला : अरे छोड़िये भी, मैं तो मजाक कर रही थी।

सूत्रधार : **(धैर्यपूर्वक)** कोई बात नहीं, मैंने आपके मजाक को भी सच मान लिया है। अब आप आ ही जाइये।

महिला : **(तनिक संकोच से)** लेकिन मेरे हसबेंड भी मेरे साथ हैं।

(बगल में बैठे पुरुष की ओर संकेत करती है।)

सूत्रधार : **(मजाक के ढंग से)** तो क्या आप अपने हसबेंड को हर जगह अपने साथ ही रखती हैं?

पुरुष : **(जल्दी से मोटी आवाज में)** भाई साहब! मैं होमवर्क फिनिश करके आया हूँ।

सूत्रधार : यह तो और भी अच्छा है। अब आप दोनों ही मंच पर आ जाइये।

महिला : **(चहककर)** अच्छा-अच्छा आती हूँ। **(पुरुष से)** चलिये उठिये, हम मंच पर चलें...अजी जल्दी कीजिए न, कहीं और लोग भी न पहुँच जायें।

(पुरुष को लगभग घसीटती हुई, महिला सीढ़ियाँ चढ़कर मंच पर पहुँच जाती है। प्रकाश महिला और पुरुष पर उभर आता है। मंच पर पहुँच कर वह पुरुष का हाथ छोड़ देती है और वैनिटि बैग से मेकअप का सामान निकालकर जल्दी-जल्दी चेहरे को सँवारती है। फिर आईने में अच्छी तरह से चेहरे को देखकर सामान बैग में बन्द कर देती है और इठलाती हुई सूत्रधार की ओर बढ़ती है। प्रकाश विकसित होता है। पुरुष भाव-भंगिमाओं से अपने दब्बूपन का परिचय देता है।)

महिला : यह लीजिए, मैं तो आ गयी। अब मुझे सिंहासन पर बैठा

दीजिए न। इतनी सुन्दर सुपात्र आपको कहीं नहीं मिलेगी।

(पुरुष नीचे खिसकती पतलून सँभालता है।)

पुरुष : हाँ साहब, लास्ट वीक इन्होंने कालोनी सुन्दरी का फस्ट प्राइज विन किया है।

सूत्रधार : **(मुस्कराता है)** ओह...

महिला : **(जल्दी से)** और इससे भी पहले मैंने कॉलेज सुन्दरी, होस्टल सुन्दरी, ऑफिस सुन्दरी...

(दर्शकों में से नेतानुमा व्यक्ति जोर से हाँक लगाता है। सूत्रधार महिला को चुप होने का संकेत करता है।)

सूत्रधार : जरा एक मिनट रुकिये सुन्दरी जी। देखिये, वह सज्जन भी कुछ कहना चाहते हैं।

(रंगशाला के उस कोने की ओर, जहाँ से आवाज आयी थी, उन्मुख होता है।)

हाँ श्रीमान जी, कहिये क्या आप भी अपने-आपको सुपात्र समझते हैं?

(नेता दर्शकों के मध्य से होता हुआ आगे की ओर बढ़ता है।)

नेता : **(नेतागिरी के ढंग से)** जी हाँ, जी हाँ, बिलकुल समझता हूँ।

सूत्रधार : तो फिर मंच पर चले आइये...वहाँ क्यों खड़े हैं?

(नेता और उसके साथ ही तीन अन्य व्यक्ति विभिन्न स्थानों से उठकर मंच पर आ जाते हैं। सूत्रधार सबका स्वागत करता है। तीनों व्यक्ति एक लाइन में हाथ बाँधकर खड़े हो जाते हैं। महिला-पुरुष आश्चर्य से इन सबको देखते हैं। नेता एक बार दर्शकों की भीड़ को जी भरकर देखता है फिर श्रद्धापूर्वक हर दिशा में हाथ जोड़कर अभिवादन करता है और सूत्रधार की ओर घूम जाता है।)

नेता : **(सूत्रधार से)** अजीब आदमी हो!

सूत्रधार : क्यों, क्या हुआ?

नेता : अरे भाई, सिंहासन के लिए सुपात्र खोजने चले हो और किसी

फूलमाला, थैली या मानपत्र का भी प्रबन्ध नहीं किया?

सूत्रधार : पहले सुपात्र तो मिल जाये।

(नेता मुस्कराकर शीश झुका देता है।)

नेता : लीजिए सेवक हाजिर है।

सूत्रधार : परन्तु...

नेता : **(रोकते हुए)** फूलमालाओं का प्रबन्ध नहीं हो सका? कोई बात नहीं...यह सेवक तो आप सबके स्नेह और आशीर्वाद को ही गेंदे और गुलाब की महकती हुई मालाएँ समझता है।

सूत्रधार : **(कुछ कहने को होता है।)**

नेता : **(कोई मौका न देकर)** स्वागत-समारोह की भी आवश्यकता नहीं है। मैं तो आपके बीच का आदमी हूँ। आपका एक तुच्छ सेवक...

(दर्शकों में से तीन व्यक्ति हाथ ऊँचे कर तालियाँ बजाते हैं।)

तालियों और जय-जयकार के द्वारा भी मुझे लज्जित करने का प्रयत्न न करें।

(दर्शकों की ओर घूमकर अधिकारपूर्वक भाषण शुरू कर देता है।)

हाँ तो, अध्यक्ष महोदय! देश की पीड़ित और शोषित जनता! गरीबी, भुखमरी और बेरोजगारी से कराहते हुए देशवासियो! यह तुच्छ सेवक हृदय से आप सबका आभारी है।

(क्षणिक मौन)

इतने बड़े दायित्व का भार मेरे कन्धों पर रखकर आपने मुझे अपने अपूर्व स्नेह, श्रद्धा और सम्मान के बोझ से दबा दिया है। मैं आपको विश्वास दिलाता हूँ कि आपकी उन्नति और तरक्की के लिए, मैं नये-नये कल-कारखानों का उद्‌घाटन करूँगा। भारी लागतों के बड़े-बड़े बाँधों का शिलान्यास करूँगा। सूखा, बाढ़, अकाल और भूकम्प से पीड़ित क्षेत्रों का दौरा करूँगा...

(तीनों व्यक्ति तालियाँ बजाते हैं।)

टैक्स अथवा करों का नामोनिशान मिटा दूँगा। विदेशों से भारी

सहायता प्राप्त करूँगा...धरती पर स्वर्ग उतार दूँगा।

(तालियाँ)

अपने अनमोल वचनों की भीनी-भीनी फुहार से देश की गरीबी, भुखमरी, बेरोजगारी और तमाम समस्यायें पलक झपकते सुलझा दूँगा...

(तालियाँ)

प्यारे देशवासियो...

सूत्रधार : क्षमा कीजियेगा महोदय, अभी आप सुपात्र घोषित नहीं हुए हैं और यह सब न जाने क्या अनाप-शनाप बके जा रहे हैं।

नेता : **(सहज भाव से मुस्कराता है)** मैं जानता हूँ श्रीमान...मैं जानता हूँ। इसीलिए मैंने अपनी इलेक्शन स्पीच का एक छोटा-सा टुकड़ा बतौर ट्रेलर पेश किया था ताकि आपको सुपात्र समझने में सुविधा रहे।

सूत्रधार : **(आश्वस्त होकर)** ठीक है, ठीक है और ये लोग?

(तीनों व्यक्तियों की ओर संकेत करता है। नेता मुस्कराकर उन्हें देखता है।)

नेता : ये सब मेरे समर्थक हैं।

(तीनों व्यक्ति जल्दी से अपने-अपने पाकेटों से तीन रंगों की टोपियाँ निकाल कर पहन लेते हैं।)

तीनों : **(एक स्वर में)** जी नहीं, हम सब आपके विरोधी हैं।

(नेता दयनीय हो जाता है। महिला और पुरुष हँस पड़ते हैं।)

महिला : **(पुरुष से)** अब मज़ा आया, मान न मान मैं तेरा मेहमान।

पुरुष : वैसे भाषण अच्छा देता है।

(दोनो हँसते हैं। नेता अपने को सँभालकर तीनों की ओर बढ़ता है।)

नेता : अभी से विरोध?...यह तो शोभा नहीं देता बन्धुओ। सिंहासन ग्रहण करते ही यह सेवक आप सबको भी समुचित सम्मान देगा।

(तीनों विपरीत दिशा में घूम जाते हैं।)

तीनों : **(एक स्वर में)** हम इतने हल्के प्रलोभन में फँसने वाले नहीं हैं।

नेता : आपके विरोध का प्रतिकार करने के लिए मैं वही करूँगा जो आप चाहेंगे।

(सूत्रधार की ओर घूमता है।)

अच्छा बन्धुवर, बहुत समय नष्ट किया आपका। अब आज्ञा दें तो अपना स्थान ग्रहण कर विरोध को नये मोड़ देने के विषय में चिन्तन करूँ।

(सिंहासन की ओर बढ़ता है। सूत्रधार रोकता है।)

सूत्रधार : ए...श्रीमान जी वापस लौटिए!

(नेता रुक जाता है।)

पीछे मुड़िये।

(नेता पीछे घूमता है।)

इधर आइये।

(नेता पास आता है।)

जब तक सुपात्र का निर्णय नहीं हो जाता, आप सिंहासन छू भी नहीं सकेंगे...समझे। जाइये, आप भी उस लाइन में लग जाइये।

नेता : बन्धुवर, लाइन लगाने का अधिकार आम लोगों के पास ही रहने दें। वैसे मेरी ओर से आप निश्चिन्त रहें, जब तक मैं सुपात्र घोषित नहीं किया जाऊँगा, सिंहासन को हाथ भी नहीं लगाऊँगा। लेकिन सिंहासन के चरणों पर बैठने की अनुमति तो आपको प्रदान करनी ही होगी।

(सूत्रधार उसे घूरता है।)

सूत्रधार : ठीक है, आप सिंहासन की पहली सीढ़ी पर जाकर बैठ जायें ...जाइये।

नेता : धन्यवाद बन्धुवर, धन्यवाद।

(सिंहासन की पहली सीढ़ी पर सश्रद्धा नतमस्तक होकर बैठ जाता है। महिला दबे पाँव सूत्रधार के पास आती है। उसके पीछे पुरुष बिना आहट उसकी बातें सुनने के लोभ में झुक कर खड़ा हो जाता है।)

महिला : **(रहस्यपूर्ण ढंग से)** सुनिये।

सूत्रधार : क्या है?

महिला : किसी से कहियेगा नहीं। वह आदमी (**नेता की ओर संकेत करती है**) ठीक नहीं है।

सूत्रधार : आपने कैसे जाना?

महिला : मेरे पड़ोस में एक स्कूल मास्टरनी रहती है...यह उसके यहाँ आता है।

सूत्रधार : (**घूरता है**) तो मैं क्या करूँ?

महिला : आप समझते क्यों नहीं? मेरा मतलब है, मास्टरनी जी के घर पर जब कोई नहीं होता तभी वह आता है।

सूत्रधार : इससे क्या होता है?

महिला : अजी, उसे अपने साथ भी ले जाता है।

सूत्रधार : भला कहाँ?

महिला : अब यह सब मुझे क्या मालूम...फिर भी कहीं तो ले ही जाता होगा...सिनेमा...होटल...पा...

(**चौकन्नी होकर पीछे देखती है कि कहीं नेता सुन तो नहीं रहा लेकिन अपने पीछे पुरुष को छिपकर बातें सुनता देखती है तो कुढ़ जाती है।**)

डार्लिंग! कितने असभ्य और शक्की हो गये हो। छुपकर बातें सुनते हो? कितनी बार कहा है छुपकर बातें सुनने से अच्छे हसबेंड्स भी खराब हो जाते हैं।

(**पुरुष झेंपकर नजरें चुराते हुए बचने का बहाना ढूँढ़ता है।**)

पुरुष : मैं छुपकर बातें कहाँ सुन रहा था डियर, वह तो मैं देख रहा था तुम गुलाबी साड़ी में कितनी अच्छी लगती हो...मुझसे रहा नहीं गया।

महिला : (**कुढ़ती हुई**) और तुम इतने अच्छे कपड़ों में भी कितने अजीब लगते हो! (**कड़े स्वर में**) अब जाओ भी, मुझे इनसे बातें करने दो।

(**पुरुष सरेआम बेइज्जती महसूस करता हुआ दूर हट जाता है।**)

महिला : **(सूत्रधार से)** हाँ तो...

सूत्रधार : **(जल्दी से)** देवी जी, कुछ तो दया कीजिए। कृपया आप भी वहाँ शान्तिपूर्वक खड़ी हो जायें।

महिला : प्लीज मेरी बात...

सूत्रधार : अपने पास रखिये...जाइये!

महिला : **(बुरा मानकर)** मत सुनिये...बाद में पछतायेंगे। मेरा क्या!

(विवश होकर पुरुष के पास चली जाती है और उसे ऐसे घूरती है जैसे सारा दोष उसी का है। तीनों व्यक्ति जो अब तक धैर्यपूर्वक खड़े थे, एक ठहाका मारकर हँस पड़ते हैं। महिला जलती नजरों से उन्हें घूरती है।)

एक : चिड़ी का गुलाम!

दो : हुकुम का अट्ठा!

तीन : उल्लू का पट्ठा!

(पुनः तीनों ठहाका लगाते हैं। महिला क्रोधित होकर उनकी ओर बढ़ती है। पुरुष के चेहरे पर बेचारगी और सूत्रधार के चेहरे पर उलझन के भाव हैं।)

महिला : यह बेहूदगी है? कौन हैं आप लोग?

एक : यह बताने के लिए हम बाध्य नहीं हैं।

दो : हम किसी को कुछ भी कह सकते हैं।

तीन : क्योंकि हम लोकतन्त्र के प्राणी हैं।

एक : लोकतन्त्र यानी प्रजातन्त्र।

दो : प्रजातन्त्र अर्थात् डेमोक्रेसी।

तीन : और डेमोक्रेसी में हम किसी को कुछ भी कह सकते हैं, जैसे—

एक : चिड़ी का गुलाम!

दो : हुकुम का अट्ठा!

तीन : उल्लू का पट्ठा!

(तीनों पूर्ववत् हँसते हैं।)

नेता : सुन्दर...अति सुन्दर। आप लोग तो बड़े ही जिन्दादिल लगते हैं।

(नेता कहते-कहते एक सीढ़ी ऊपर हो जाता है। महिला

सुनकर पुरुष का हाथ पकड़कर उसे घसीटती हुई दायें नेपथ्य में चली जाती है। नेता एक सीढ़ी ऊपर चढ़ जाने पर चमचियाने के भाव से सूत्रधार की ओर देखता है। सूत्रधार पहले ही से उसकी हरकत को देखकर उसे घूर रहा होता है। नेता सकपकाकर पूर्ववत् हो जाता है और बात बनाने की कोशिश करता है)

नेता : इसमें बुरा मानने जैसी कोई बात नहीं...(**दो अर्थों में**) और वह बुरा मानकर चली गयी।

(नेता बेशर्मी से हँसता है। सूत्रधार उसे घूरकर देखता है। वह शान्त हो जाता है। तीनों व्यक्ति आगे बढ़ते हैं।)

एक : (**सूत्रधार से**) नमस्कार भाई साहब, नमस्कार।

दो : नहीं, वन्दे मातरम्।

तीन : बिलकुल नहीं, जयहिन्द!

सूत्रधार : आप लोग तो बुनियादी बातों में ही उलझ गये।

तीनों : (**एक स्वर में**) आपको सुपात्र की तलाश है न?

सूत्रधार : जी हाँ, परन्तु आप लोग तीन, और मुझे चाहिए केवल एक।

तीनों : हम तीनों ही सुपात्र हैं।

दो : बिना किसी मतभेद के हम तीन हिस्से कर लेंगे।

एक : आप चिन्ता न करें, भाई साहब।

सूत्रधार : अभी यह सिद्ध कहाँ हुआ है सज्जनो, कि आप सुपात्र ही हैं।

नेता : (**हाँक लगाता है**) ये सुपात्र ही नहीं महापात्र भी लगते हैं।

(एक तेवर बदलकर नेता की ओर बढ़ता है।)

एक : ए...श्रीमान जी, आप खामोश ही रहिये!

(दो भी उसी प्रकार नेता की ओर बढ़ता है।)

दो : हर बात में अपनी टाँग मत अड़ाइये।

(नेता सहमने का अभिनय करता हुआ एक सीढ़ी ऊपर हो जाता है। तीन कमर पर हाथ रखकर सूत्रधार की ओर बढ़ता है।)

तीन : और आप सिंहासन हमारे हवाले कर दीजिए।

दो : हम-सा सुपात्र चिराग लेकर खोजने पर भी नहीं मिलेगा।

एक : और यह हम अभी सिद्ध कर देंगे।

तीन : जल्दी कीजिए...

एक-दो : **(एक साथ)** सिंहासन हमें दीजिए।

सूत्रधार : **(सहमकर)** नहीं नहीं, यह नहीं हो सकता।

तीनों : **(एक साथ)** क्यों?

सूत्रधार : पूछते हो क्यों, यह जानते हुए भी कि तुम सुपात्र नहीं हो। **(धिक्कारते हुए)** सत्य, अहिंसा और न्याय की परिभाषाओं से अपरिचित मूर्खो! तुम हठ द्वारा सिंहासन पाना चाहते हो?

(नेता झगड़े का लाभ उठाकर एक सीढ़ी और ऊपर चढ़ता है।)

नेता : यह त्याग और तपस्या से मिलता है, इसकी खातिर मैंने वर्षों जेल-यात्राएँ की हैं।

(तीनों मक्कारी से एक-दूसरे की ओर देखते हैं, फिर हाथ फैलाकर सूत्रधार को दबोचने के उद्देश्य से आगे बढ़ने लगते हैं।)

एक : हम सिंहासन चाहते हैं, इसलिए कि हम अपनी दृष्टि में सुपात्र हैं।

दो : कौन जाने तुम्हारे सुपात्र का क्या अर्थ है?

तीन : पर जो भी अर्थ है वह अर्थहीन है।

एक : सत्य का अस्तित्व क्या?

दो : अहिंसा का मोल क्या?

तीन : न्याय का महत्त्व क्या?

(सूत्रधार के बिलकुल निकट पहुँच जाते हैं।)

सूत्रधार : **(बेचैनी से)** आप...आप लोग चाहते क्या हैं?

(तीनों हाथ फैलाकर उसके चारों ओर वृत्ताकार घूमने लगते हैं। सूत्रधार छटपटाता है।)

एक : हम सिंहासन चाहते हैं।

दो : नहीं मिलेगा तो शक्ति का प्रयोग भी करेंगे।

तीन : हमारी आस्था असत्य में है।

एक : हिंसा पर हमें विश्वास है।

दो : अन्याय पर हमें गर्व है।

तीन : हम सिंहासन चाहते हैं।

एक : क्योंकि हम सुपात्र हैं।

तीनों : **(एक साथ)** सिंहासन के लिए उपयुक्त पात्र हैं!

(सूत्रधार को दबोचने को होते हैं लेकिन वह झुककर घेरे से बाहर निकल जाता है।)

सूत्रधार : खामोश! तुम सब कुपात्र हो। भूल जाओ कि सिंहासन तुम्हें मिलेगा। अन्याय और अत्याचार में डूबे ये घिनौने चेहरे ले जाओ। सिंहासन के लिए सुपात्र चाहिए, कुपात्र नहीं। आप लोग जा सकते हैं।

नेता : **(जोर से)** बिलकुल ठीक! सुपात्र चाहिए, कुपात्र नहीं। जाइये-जाइये आप लोग जा सकते हैं।

(नेता खड़ा होकर सिंहासन तक पहुँचने का प्रयत्न करता है, तीनों क्रूर मुद्राएँ बनाकर उसकी ओर तेजी से बढ़ते हैं।)

एक : हम चले जाने के लिए नहीं आये हैं।

दो : सिंहासन लेकर ही जायेंगे।

तीन : देखते हैं हमें ऐसा करने से कौन रोकता है!

सूत्रधार : **(चीखता है)** खबरदार! कोई एक कदम भी आगे न बढ़े। इतना आसान नहीं है सिंहासन पा लेना। सिंहासन केवल एक को मिलेगा, उस एक को जो अपने आपको सुपात्र सिद्ध करेगा।

नेता : **(जल्दी से)** और यह सिद्ध हो गया। आप तीनों जा सकते हैं। व्यर्थ का विवाद अनुचित है।

(भाषण प्रारम्भ कर देता है।)

प्यारे देशवासियो! तमाम विरोधों और अन्तर्विरोधों के बावजूद भी आपके सहयोग और समर्थन के बल पर हमने अपने विपक्षियों पर विजय पा ली है। हम आपकी समृद्धि के लिए पूरा-पूरा प्रयास करेंगे। साथ ही आपसे अनुरोध करते हैं कि आप विपक्षियों से सतर्क रहें। उनके बहकावे में न आयें।

आपको भ्रम में डालने के अतिरिक्त वे किसी भी योग्य नहीं रह गये हैं...प्यारे देशवासियो...

(एक, दो और तीन नेता को सीढ़ियों से घसीटकर जमीन पर डाल देते हैं।)

नेता : आप लोग अपनी हरकतों से बाज नहीं आयेंगे?

एक : और आप अपनी मक्कारी से।

नेता : सिंहासन तुम्हें नहीं मिलेगा।

दो : तुम भी उसे छू नहीं सकोगे।

नेता : वह हमारा है।

तीनों : **(एक साथ)** वह हमारा है!

नेता : लेकिन उस पर तो कोई एक ही बैठेगा...**(सूत्रधार से)** क्यों भाई साहब?

सूत्रधार : जी हाँ, सिंहासन पर कोई एक ही बैठेगा।

एक : मैं बैठूँगा!

दो : मैं बैठूँगा!

तीन : मैं बैठूँगा!

एक : उसके योग्य केवल मैं हूँ।

दो : अरे वाह, मुझसे अधिक योग्य कोई नहीं है।

तीन : और मुझ-सा सुपात्र कोई नहीं है।

(तीनों के झगड़े का लाभ उठाकर नेता सिंहासन तक पहुँच जाता है।)

नेता : तुम सब यही कहते रह जाओगे और यह हमारा...

एक : गलत।

दो : झूठ।

(नेता को फिर घसीटते नीचे ले आते हैं।)

तीन : यह अधिकार केवल मेरा है।

नेता : नहीं, उस पर मेरा जन्मसिद्ध अधिकार है।

एक : झूठ बोलते हो।

दो : हमें मूर्ख समझते हो।

तीन : बकवास बन्द करो।

(नेता बीच में है और तीनों उसे घेरकर खड़े हैं। सभी सिंहासन को अपना कहकर झगड़े के उत्कर्ष तक पहुँचते जाते हैं।)

नेता : वह हमारा है, हमारा है, हमारा है।

एक : नहीं मेरा है।

नेता : हमारा है, हमारा है।

दो : मेरा है।

नेता : हमारा है।

तीन : मेरा है।

(झगड़े के उत्कर्ष पर सबकी आवाजें गुम हो जाती हैं। केवल मूक अभिनय से सभी सिंहासन को अपना सिद्ध करने के प्रयत्न में हैं। तीखा संगीत गूँजता है।)

(एकाएक जैसे के तैसे सभी स्थिर मुद्राओं में हो जाते हैं। क्रमशः मंच अन्धकार में डूब जाता है। केवल संगीत गूँजता रहता है। कुछ पलों बाद एकदम खामोशी छा जाती है।)

(सूत्रधार पर प्रकाश उगता है।)

सूत्रधार : **(हँसते हुए)** मुझे सुपात्र की तलाश है...और सिंहासन की दमक...उसे पाने की लालसा...उससे चिपके रहने की भूख ...सुपात्र और कुपात्र के भेद को जटिल बना देती है।

(क्षणिक मौन)

सत्ता के साथ विरोध जन्म लेता है और विरोध संघर्ष, षड्यन्त्र और हत्याओं की रचना करता है। यही तो हमेशा से होता आया है...हमेशा से...

(क्षणिक मौन)

मानव सभ्यता के क्रमिक विकास का पहला चरण...

(आदिवासियों का संगीत दूर से आता सुनाई देता है।)

आदिमानव ने कन्दराओं और गुफाओं के एकाकी जीवन को त्यागकर समूह को अपनाया...समूह छोटे-छोटे कबीलों में बदले, बड़े होते गये...और भी बड़े...फिर इतने बड़े कि कबीलों

के लिए, खानाबदोशों सा जीवन बिताना असम्भव हो गया... उन्होंने भूमिखण्डों पर अधिकार किया...स्थायी रूप से बसना सीखा...और सिंहासन का स्वरूप बना...

(सूत्रधार अँधेरे में खो जाता है। सिंहासन पर प्रकाश उग आता है। इसके साथ ही आदिवासियों का संगीत पूरी तरह से गूँजने लगता है। संगीत के साथ भीड़ का कोलाहल भी उभरता है। मिलेजुले स्वरों के साथ मंच पर नीला प्रकाश एक स्वप्निल वातावरण की रचना करता है।)

(नेता, एक, दो, तीन, महिला और पुरुष आदिवासियों जैसी पोशाकों में प्रवेश करते हैं। एक, दो और तीन के हाथों में भाले हैं। नेता सबसे आगे है। उसकी चाल में कबीले के मुखिया जैसी अकड़ है। सभी के हाव-भाव में वह फूहड़पन है जो प्राचीन युग के विकासशील मानव में रहा होगा।)

एक : भूपति!

सभी : **(एक स्वर में)** चिरायु हों।

एक : भूपति!

सभी : चिरायु हों!

एक : भूपति!

सभी : चिरायु हों!

(नेता गर्वपूर्ण चाल से मंच का एक चक्कर लगाता है। सभी लोग उसके पीछे-पीछे जय-जयकार करते हुए चलते हैं। नेता चक्कर लगाकर मंच के बीचोंबीच रुक जाता है। बाकी लोग उसके चारों ओर वृत्त बनाकर घूमते हैं।)

एक : भूपति!

सभी : चिरायु हों!

एक : भूपति!

सभी : चिरायु हों!

(नेता दोनों हाथ उठाकर शान्त होने का संकेत करता है। सभी चुप होकर घुटनों के बल बैठ जाते हैं।)

नेता : मैं तुम्हारा भूपति हूँ। मैं तुम सबसे अधिक शक्तिशाली और बुद्धिमान हूँ। यह भूमिखण्ड मेरा है। तुम सब मेरी प्रजा हो। मेरे बैठने की व्यवस्था करो। मेरा आसन तुम सबसे अलग, अच्छा और ऊँचा होना चाहिए।

एक : इसकी व्यवस्था हो गयी है भूपति जी।

दो : वह देखिये (**सिंहासन की ओर संकेत करता है**) आपकी प्रजा ने आपके अधिकारों को मानकर अपनी श्रद्धा, विश्वास और प्रेम की पवित्र भावनाओं का प्रतीक, यह सुन्दर और अनमोल आसन आपके लिए ही बनाया है।

तीन : इसे स्वीकार कर हमें अनुग्रहीत करें भूपति जी।

नेता : (**प्रसन्न होकर**) अद्‌भुत...अपूर्व...प्रजा की पवित्र भावनाओं का यह प्रतीक हमारे अनुकूल है। हमने इसे स्वीकार किया।

(सभी हर्षित हो जाते हैं।)

एक : (**जल्दी से**) भूपति की...

महिला : नहीं...राजा की...

नेता : राजा क्यों...भूपति क्यों नहीं?

महिला : प्रजा की श्रद्धा और विश्वास के इस प्रतीक पर बैठकर कहीं आप अपनी प्रजा से ही विमुख न हो जायें। इसलिए इस आसन पर बैठने वाले को हम राजा का सम्बोधन देंगे।

नेता : राजा का सम्बोधन क्या प्रजा से अटूट सम्बन्ध स्थापित करने में समर्थ है?

महिला : देखिये न...राजा-प्रजा। प्रजा-राजा। कितना घनिष्ठ सम्बन्ध है दोनों में।

एक : राजा-प्रजा।

दो : प्रजा-राजा।

तीन : राजा-प्रजा। प्रजा-राजा।

तीनों : (**एक स्वर में**) राजा-प्रजा। प्रजा-राजा।

एक : राजा की...

सभी : जय हो।

महिला : राजा जी यह सम्बोधन आपको कैसा लगा?

नेता : बहुत ही सुन्दर और कर्णप्रिय भी। एक बार फिर से सम्बोधित करो।

एक : **(पुनः)** राजा की...

सभी : ज़य हो!

एक : राजा जी, अब आप आसन ग्रहण कीजिए।

(नेता सिंहासन पर बैठने के लिए बढ़ता है, महिला रोक देती है।)

महिला : आसन...यह भी कुछ अच्छा नहीं लगता।

(नेता रुक जाता है।)

सभी : कैसा लगता है?

महिला : **(सोचते हुए)** राजा हम सबसे बढ़कर है। उसका आसन भी हमसे अलग उसकी प्रतिष्ठा के अनुकूल है। केवल आसन कहकर उसकी प्रतिष्ठा को कम करना अनुचित है।

एक : फिर हम क्या कहें?

दो : क्या कहें?

तीन : क्या कहें?

महिला : **(विचारपूर्वक)** राजा सिंह के समान बलशाली और बुद्धिमान है। उसके आसन को हम...सिंहासन कहें तो?

एक : **(मनन करता है)** सिं...हा...स...न।

दो : सिंहासन। राजा का सिंहासन।

तीन : राजा जी, यह सम्बोधन आपको कैसा लगता है?

नेता : **(सन्तुष्ट होकर)** यह भी हमारी प्रतिष्ठा के अनुकूल है।

एक : ठीक है।

दो : राजा जी अब आप सिंहासन ग्रहण कीजिए।

नेता : अवश्य-अवश्य।

(सीढ़ियाँ चढ़कर सिंहासन पर बैठना चाहता है। महिला पुनः विघ्न डालती है।)

महिला : ठहरिये राजा जी।

(नेता के माथे पर बल पड़ जाते हैं।)

एक : क्यों?

दो : क्या हुआ?

तीन : अब क्या हुआ?

नेता : बोलो, क्या कहना चाहती हो?

महिला : **(किंचित संकोच से)** क्षमा कीजियेगा राजा जी सिंहासन पर बैठने से पूर्व आपको अपनी प्रजा से वचनबद्ध होना पड़ेगा।

नेता : **(सक्रोध)** किसलिए?

महिला : आप सिंहासन के प्रति निष्ठावान रहें और प्रजा आपके प्रति।

नेता : मुझे क्या करना होगा?

महिला : सिंहासन ग्रहण करने से पहले आपको शपथ लेनी होगी।

सभी : शपथ?

नेता : **(जल्दी से)** हमें स्वीकार है।

(हाथ उठाकर शपथ ग्रहण करने की मुद्रा में होता है। महिला शपथ देती है।)

महिला : आप सत्य, अहिंसा और न्याय के लिए सिंहासन पर बैठेंगे।

नेता : मैं सत्य, अहिंसा और न्याय के लिए सिंहासन पर बैठूँगा।

महिला : आप प्रजा का पोषण और रक्षण करेंगे।

नेता : मैं प्रजा का शोषण और रक्षण करूँगा।

(सभी चौंकते हैं।)

महिला : राजा जी शोषण नहीं पोषण...पोषण।

नेता : **(झुंझलाकर)** हाँ-हाँ, वही।

महिला : **(आश्वस्त होकर)** अब आप सिंहासन पर बैठिये।

(नेता प्रसन्न होकर सगर्व सिंहासन पर बैठता है। सभी हर्षोल्लास से जय-जयकार करते हैं।)

एक : राजा की–

सभी : **(एक स्वर में)** जय हो!

एक : राजा की–

सभी : जय हो!

(उल्लासपूर्ण संगीत स्वरों के साथ मंच पर अँधेरा।

कुछ पलों के बाद प्रकाश लौटता है। नेता सिंहासन पर है। एक तथा दो उसके आगे, दायें बायें। तीन मंच के बायें अग्रभाग में हैं। महिला और पुरुष दाहिनी ओर साधारण जनों की तरह खड़े हैं।)

नेता : मैंने अपनी शक्ति और सामर्थ्य से इस क्षेत्र का विस्तार किया है। इसकी सीमायें बढ़ायी हैं। यह महान कार्य मैंने प्रजा के हित में किया है।

एक : राजा की—

सभी : जय हो!

नेता : प्रजा के हित में किये गये इस महान कार्य में राजकोष खाली हो गया है। मैं आज्ञा देता हूँ कि प्रजा अपनी संचित अगाध सम्पत्ति का एक भाग देकर राजकोष को खाली होने से बचाये। इस क्षेत्र का मैं और भी विस्तार करूँगा।

महिला : क्षमा कीजियेगा राजा जी, इसकी क्या आवश्यकता है?

नेता : मैं तुम लोगों को सुखी और समृद्ध बनाना चाहता हूँ।

महिला : लेकिन हमारे पास तो सब कुछ है।

पुरुष : इतना बड़ा क्षेत्र, अच्छे-अच्छे पशु, हरे-भरे चरागाह और...

महिला : हम क्यों दूसरों की भूमि छीनकर उन्हें कष्ट दें?

नेता : तुम लोग यह नहीं समझोगे। ये जटिल बातें हैं। यह ठीक है कि तुम्हारे पास सब कुछ है लेकिन यह पर्याप्त नहीं है। मैं तुम्हारा राजा हूँ। तुम्हारा रक्षण और पोषण करना हमारा कर्तव्य है।

महिला : लेकिन सत्य, अहिंसा और न्याय के साथ।

नेता : मैंने यही किया है और यही करूँगा। मेरे आदेश का पालन किया जाये। राजकोष खाली न होने दिया जाये। प्रजा की संचित सम्पत्ति और अर्जित सम्पत्ति का राजकीय भाग नियमित रूप से राजकोष के लिए सख्ती से वसूल किया जाये।

(गम्भीर संगीत स्वरों के साथ तेजी से अँधेरा होता है। प्रकाश लौटने के साथ ही भीड़ का कोलाहल सुनाई देता है। नेता पूर्ववत् अपने स्थान पर। एक और दो भी उसी

तरह। तीन पुरुष की गर्दन पकड़कर उसे सीढ़ियों के आगे धकेल देता है। महिला विरोध के स्वर में चिल्लाती है।)

महिला : यह अन्याय है...यह अत्याचार है राजा जी।

पुरुष : हमारा सब कुछ लूट लिया गया राजा जी...सब कुछ लूट लिया गया।

महिला : घर लूट लिया गया, पशु छीन लिये गये...जमीन छीन ली गयी।

पुरुष : हमारे पास कुछ नहीं रहा...कुछ बचा नहीं, राजा जी।

महिला : न्याय कीजिए राजा जी।

पुरुष : न्याय कीजिए।

महिला-पुरुष : न्याय कीजिए राजा जी, न्याय कीजिए।

(नेता प्रश्नसूचक दृष्टि से तीन की ओर देखता है।)

नेता : **(तीन से)** क्या यह सच है?

तीन : हाँ राजा जी, इन्होंने राजकीय कर न देकर राजाज्ञा का उल्लंघन किया है।

नेता : **(महिला-पुरुष से)** क्या यह भी सच है?

पुरुष : यह अतिरिक्त कर माँग रहा था राजा जी।

महिला : और अतिरिक्त कर हम कहाँ से देते? लगातार राजकीय कर देते-देते हमारे पास कुछ भी नहीं बचा। राज्य की स्थापना के लिए युद्ध, राज्य की रक्षा के लिए युद्ध, राज्य के विस्तार के लिए युद्ध और हर युद्ध के खर्चे का भार हम पर। यह सब हम कहाँ से दें? कैसे दें?

पुरुष : न्याय कीजिए राजा जी।

(महिला-पुरुष घुटने टेककर बैठ जाते हैं।)

महिला-पुरुष : न्याय कीजिए, न्याय कीजिए।

नेता : न्याय होगा और अवश्य होगा।

महिला-पुरुष : हमें आपसे ऐसी ही आशा थी राजा जी।

नेता : **(तीन से)** इनका जो कुछ भी छीना गया है, सब वापस कर दिया जाये और राजकोष से ये एक बार में जितना भी धन ले जा सकें, इन्हें ले जाने दिया जाये।

महिला : **(प्रसन्न होकर)** आप धन्य हैं राजा जी।

पुरुष : राजा की जय हो।

तीन : **(पुरुष से)** चलिये राजा जी का अनुग्रह प्राप्त कीजिए।

(पुरुष, तीन के पीछे राजा की जय-जयकार करते हुए चल देता है। महिला भी उसके पीछे चलने को होती है, परन्तु नेता उसे रोकता है।)

नेता : औरत...तुम कहाँ जा रही हो?

महिला : आपका अनुग्रह प्राप्त करने महाराज।

नेता : औरत तुम कहीं नहीं जाओगी, मेरे पास रहोगी।

महिला : **(तनिक भयभीत होकर)** क्यों?

नेता : इसलिए कि तुम मुझे पसन्द हो। मैं तुम पर विशेष अनुग्रह करूँगा।

महिला : **(संकोच से)** पसन्द...अनुग्रह...लेकिन मुझे...नहीं नहीं। क्षमा करें महाराज...यह अनुग्रह मैं स्वीकार नहीं कर सकूँगी।

नेता : **(सक्रोध)** क्यों?

(पुरुष तेजी से पीछे मुड़ता है परन्तु तीन और दो अपने भालों की रोक लगाकर उसे आगे बढ़ने से रोक देते हैं।)

पुरुष : **(उत्तेजित होकर)**, क्योंकि एक यही सम्पत्ति मेरे पास बची है और उसे भी आप छीन लेना चाहते हैं? इस औरत पर मेरा अधिकार है केवल मेरा। राजा जी, यह औरत मैं किसी को नहीं दूँगा।

नेता : इसका मैं पूरा-पूरा मूल्य दे रहा हूँ।

पुरुष : तो यह था आपका न्याय और यह था आपका अनुग्रह...सब कुछ छीन लेने के बाद...यह अनुग्रह...यह न्याय? मुझे नहीं चाहिए ऐसा न्याय...मुझे नहीं चाहिए ऐसा अनुग्रह।

(झटके से भालों को अपने आगे से हटाकर औरत के पास आ जाता है। उतनी ही फुर्ती से एक, दो और तीन महिला तथा पुरुष को भालों की नोकों के घेरे में ले लेते हैं।)

नेता : मूर्ख, मत भूलो कि मैं राजा हूँ। मुझे कुछ दैवीय अधिकार भी

प्राप्त हैं। ईश्वर ने असीम शक्ति का एक छोटा-सा अंश देकर मुझे तुम्हारा राजा बनाया है।

एक : राजा ईश्वर का अंश है।

नेता : मैं जो कुछ भी करूँगा, ईश्वर के आदेश और प्रेरणा से करूँगा।

दो : राजा ईश्वर का अवतार है।

नेता : ईश्वर ने मुझे आदेश दिया है कि इस औरत को मैं अपने पास रखूँ।

तीन : राजा स्वयं ईश्वर है।

(पुरुष विवशता से चीखता है।)

पुरुष : यह झूठ है, मक्कारी है, अन्याय है...इस औरत पर मेरा अधिकार है...केवल मेरा...

(औरत का हाथ पकड़कर चलने को होता है।)

आओ, चलो मेरे साथ।

(एक, दो, तीन का घेरा कस जाता है।)

नेता : (कुटिलता से) देख लिया तुम लोगों ने! यह क्षुद्र मनुष्य ईश्वर के आदेशों को झूठा कह रहा है। क्या यह नास्तिक नहीं है?

तीन : यह सचमुच नास्तिक है राजा जी।

दो : ईश्वर के आदेश को झूठा कह रहा है।

एक : मार डालो इसे।

(एक आगे बढ़कर औरत को खींचकर सीढ़ियों पर धकेल देता है। फिर पुरुष की कमर में भाले की नोक चुभो कर आगे ठेलता है। दो भी यही करता है। तीन, एक और दो के पीछे कुछ फासले पर चलता है। पुरुष विवश होकर नेपथ्य की ओर चल देता है और अत्याचार के प्रतिकार स्वरूप बार-बार यही कहता है–"यह अन्याय है...अत्याचार है!" क्रमशः उसकी आवाजें दूर होती जाती हैं। नेता अट्टहास करता है।)

नेता : औरत! अब तो आओगी?

(औरत घिसटती हुई उठती है।)

महिला : नहीं...कभी नहीं।

नेता : यह ईश्वर का आदेश है।

(खड़ा हो जाता है।)

महिला : यह क्यों नहीं कहते कि यह तुम्हारी घृणित वासना की राक्षसी आवाज है।

(नेता सीढ़ियाँ उतरने लगता है। महिला भयभीत होकर पीछे हटती है।)

नेता : **(अट्टहास करता है)** तुम्हें कुछ भी कहने का अधिकार है औरत, क्योंकि अब तुम मेरी सम्पत्ति हो।

(कामुकता से नेता महिला की ओर लगातार बढ़ता है महिला बचाव के लिए पीछे हटती जाती है। एकाएक नेता एक झटके से उसे दबोच लेता है। महिला छूटने के लिए छटपटाती है। एक, दो और तीन हाँफते हुए वापस लौटते हैं। नेता जल्दी से महिला को छोड़ देता है।)

एक : राजा जी उस नास्तिक को हम नदी में फेंक आये।

महिला : **(अविश्वास से)** नहीं-नहीं।

दो : नदी गहरी थी, जल शान्त। जैसे ही हमने उसे नदी में फेंका। ...छपाक की आवाज के साथ नदी के जल में हलचल मच गयी।

(महिला फटी-फटी आँखों से उसे देखती है।)

महिला : नहीं-नहीं...यह नहीं हो सकता।

तीन : एक बार वह पानी में बिलकुल डूब गया।

दो : गोल लहरें दूर तक फैलकर सिमट आयीं।

तीन : वह फिर छटपटाते हुए बाहर निकला।

दो : गोल लहरें फैल गयीं।

तीन : वह फिर पानी में डूबा।

दो : गोल लहरें फिर सिमट आयीं।

तीन : कई बार वह पानी में डूबा-उतराया। कई बार गोल लहरें फैलीं और सिमटीं। फिर जब वह अन्तिम बार डूबा तो गोल लहरें बिल्कुल सिमट आयीं। उनके बीच में एक केन्द्र बन गया। वह

केन्द्र कुछ देर तक तेजी से नाचता रहा फिर आगे बढ़ गया और वह नास्तिक पानी के बाहर दुबारा नहीं निकल सका।

(महिला असह्य वेदना से चीख पड़ती है।)

महिला : नहीं...ई...ई...ई...!

एक : लेकिन जितनी बार वह पानी के बाहर निकला, हर बार उसने यही कहा कि राजा झूठा है। मक्कार है। नास्तिक मैं नहीं, राजा है। राजा, राजा बनते ही लुटेरा हो गया है। ईश्वर के नाम पर उसने मेरी औरत को छीन लिया...

(नेता क्रोधित हो जाता है।)

नेता : बन्द करो यह बकवास।

(एक, दो और तीन सहमकर सावधान हो जाते हैं।)

महिला : किस-किसका मुँह बन्द करोगे तुम? सभी कह रहे हैं, राजा, राजा बनते ही लुटेरा हो गया...डाकू हो गया। हमने एक लुटेरे को राजा बनाया...एक डाकू को सिंहासन दिया, ताकि, वह हमारा सब कुछ छीनकर...हमें बेघरबार कर दे? हमारी इज्जत-आबरू लूटकर हमें नदी में फिंकवा दे?...कब मिलेगा छुटकारा इस पापी से...इस अत्याचारी, दुराचारी से? हे भगवान हमने इसे राजा क्यों बनाया...क्यों बनाया?

(सिसकियाँ भरती है। नेता अट्टहास करता है।)

नेता : राजा बनाया नहीं जाता। राजा अपनी शक्ति और सामर्थ्य से बनता है। राजा को सिंहासन दिया नहीं जाता, राजा उसे अपने बाहुबल और बुद्धि-कौशल से प्राप्त करता है। ले जाओ, और इस औरत को भी नदी में फेंक आओ!

(महिला, अन्याय और अत्याचार के सामने सिर झुकाकर जीने से मरना बेहतर, इस भाव से आँसू पोंछकर दृढ़ता और स्वाभिमान के साथ चल देती है। एक और दो अपने-अपने भालों की नोकें उसकी कमर से लगाकर चलने लगते हैं। उनके पीछे कुछ फासले पर तीन चल देता है। शोक संगीत के कारण अन्धकार फैल जाता है। प्रकाश पुनः लौटने पर नेता आँख मूँदे असावधानी

से सिंहासन पर अधलेटा-सा दिखाई देता है। एक, दो और तीन अपने-अपने स्थान पर खड़े हैं। कुछ क्षणों तक सन्नाटा रहता है। फिर एकाएक दो अपनी मुद्रा भंग कर सावधानी से बिना आहट तीन के पास जाता है। तीन से संकेतों में कुछ कहता है फिर दोनों एक को भी इशारे से पास बुला लेते हैं।)

दो : **(सरसराते लहजे में)** तुमने देखा?

एक : क्या?

तीन : राजा हमें किस प्रकार मूर्ख बना रहा है?

दो : प्रजा का शोषण कर रहा है।

तीन : राजसी ऐश्वर्य भोग रहा है।

दो : वह भी हमारे बल-बूते पर।

तीन : तुम क्या कहते हो?

(एक क्षण भर कुछ सोचता है फिर एकदम से चिल्ला पड़ता है। दो तीन उसे सँभालने का असफल प्रयत्न करते हैं।)

एक : बिलकुल बना रहा है, एक लम्बे अर्से से बना रहा है।

(सीढ़ियों के पास तेजी से आता है।)

बहुत बन चुके मूर्ख।

(सीढ़ियाँ चढ़कर सिंहासन के पास पहुँच जाता है।)

अब और नहीं बनेंगे।

(नेता के कान से मुँह लगाकर जोर से) कान खोलकर सुन लो!

(नेता हड़बड़ाकर आँखें खोलता है।)

नेता : यह शोर क्यों हो रहा है?

(तीनों उद्दण्डता की मुद्रा में हो जाते हैं।)

(क्रोधित होकर) मैं पूछता हूँ यह शोर क्यों हो रहा है?

एक : **(पूर्ववत)** चीखिये मत राजा जी।

नेता : क्या बकते हो?

(दो और तीन भी सिंहासन के पास आ जाते हैं।)

दो : कृपा कर सिंहासन त्याग दें।

तीन : हम भी इसका ऐश्वर्य भोगेंगे।

नेता : यह कैसे हो सकता है?

तीनों : **(एक साथ)** क्यों नहीं हो सकता?

नेता : तुम्हें कौन राजा बनायेगा? तुम्हें कौन सिंहासन पर बैठायेगा?

एक : आपने ही कहा था, राजा बनाया नहीं जाता।

दो : अपनी शक्ति और सामर्थ्य से बनता है।

तीन : आपने ही कहा था, राजा को सिंहासन दिया नहीं जाता।

एक : अपने बाहुबल और बुद्धि-कौशल से वह खुद प्राप्त करता है।

(नेता निरुत्तर होकर उन्हें दयनीय दृष्टि से देखता है। तीनों अपने-अपने भालों की नोकें उसके शरीर से चिपका देते हैं। नेता सिंहासन को कसकर पकड़ लेता है।)

नेता : **(भयभीत स्वर में)** तुम...तुम लोग अपने होश में नहीं हो. ..जाओ...मैं तुम्हारी धृष्टता को क्षमा कर दूँगा...

(तीनों भालों का दबाव बढ़ाकर उसे आहिस्ते-आहिस्ते सिंहासन से उठने के लिए मजबूर कर देते हैं।)

रुक जाओ...मैं कहता हूँ रुक जाओ...मैं, तुम्हारा राजा...तुम्हें आदेश देता हूँ...

(उनका दबाव और भी तीखा हो जाता है।)

मैं तुम्हारा राजा...तुम्हारा ईश्वर...तुम्हें आज्ञा देता हूँ... जाओ...लौट जाओ...

(एक भाले का दबाव बढ़ाकर हल्का-सा धक्का देता है। नेता लड़खड़ाकर सीढ़ियों के नीचे आ जाता है। नीचे आकर सिंहासन के मोह में फिर पीछे मुड़कर सीढ़ियाँ चढ़ने को होता है, लेकिन तीनों अपने भालों की नोकें उसके आगे कर क्रूर अट्टहास करते हैं। नेता पीछे हटता है। तीनों क्रूरता से आगे बढ़ते हैं और अट्टहास करते हुए उसे नेपथ्य की ओर ले जाने लगते हैं।

मंच पर अन्धकार फैल जाता है। कुछ क्षणों के बाद जब प्रकाश आता है तो एक, दो और तीन सिंहासन को घेर

कर खड़े नजर आते हैं।)

तीन : वह क्षण आ गया है जिसका हमें इन्तजार था।

दो : इतनी आसानी से वह हट जायेगा यह तो हमने सोचा भी न था।

एक : **(ठहाका लगाकर)** इसमें क्या सन्देह है!

(हँसते हुए अप्रत्याशित रूप से सिंहासन पर बैठ जाता है। दो और तीन कमर पर हाथ रखकर उसे घूरते हैं।)

दो : यह तुमसे किसने कहा था?

एक : **(कुछ न समझने के भाव में)** अं...क्या...क्या...

(दो और तीन बिना शब्द बोले उसकी बगलों में हाथ फँसाकर उसे सिंहासन से उठाते हैं और सीढ़ियों से नीचे उतरकर एक ओर धकेल देते हैं। एक भूमि पर चित हो जाता है। दो और तीन उसके सीने में भाले अड़ा देते हैं।)

दो-तीन : यही, कि इस सिंहासन पर तुम बैठो।

एक : **(बिगड़कर)** परन्तु यह भी किसने कहा था कि मैं इस सिंहासन पर नहीं बैठूँ?

दो : कोई बात नहीं। कान खोलकर सुन लो, इस सिंहासन पर तुम नहीं...

(दौड़कर सिंहासन पर बैठ जाता है।)

मैं बैठूँगा।

(तीन की आँखें फैल जाती हैं। वह सीटी बजाकर एक को उठने का संकेत करता है। तीन उसे सिंहासन पर बैठे दो की ओर उकसाता है। एक सधे कदमों से दो के पीछे पहुँच जाता है और उसकी गर्दन पकड़कर जैसे स्वयं गिराया था, गिराकर उसके सीने में भाला लगा देता है।)

एक : आओ, पहले यह तय कर लिया जाये कि सिंहासन पर कौन बैठेगा।

(तीन इस उठा-पटक का लाभ उठाकर स्वयं सिंहासन

पर बैठ जाता है और प्रसन्न होकर मूर्खतापूर्ण ढंग से तालियाँ बजाता है।)

तीन : हाँ-हाँ तुम लोग तय करो। तब तक मैं इस पर बैठा हूँ...वाह! यह सिंहासन भी क्या चीज है...मजा आ गया।

(एक चौंककर पीछे मुड़ता है। जलती नजरों से तीनो को घूरता है। तीन लापरवाही से बच्चों की तरह तालियाँ बजाये जा रहा है। एक के चेहरे पर क्रूरता नाचने लगती है। वह दो को छोड़कर तीन के पास पहुँच जाता है।)

एक : **(क्रूरता से)** नीचे उतरो।

तीन : **(हठपूर्वक)** नहीं उतरूँगा।

एक : मैं कहता हूँ, नीचे उतरो!

तीन : नहीं उतरूँगा।

एक : तुम सिंहासन पर नहीं बैठोगे।

तीन : **(दृढ़ता से)** मैं सिंहासन पर बैठूँगा।

एक : **(जोर से)** तुम सिंहासन पर नहीं बैठोगे!

तीन : **(भयभीत होने के बाद भी हिम्मत जुटाकर)** मैं...मैं सिंहासन पर अवश्य बैठूँगा।

एक : तुम नहीं बैठोगे।

तीन : **(घिघियाते हुए)** मैं बैठूँगा।

(एक, उसके कन्धों पर हाथ पटककर उसके कन्धे मुट्ठी में भींचकर उसे झटके से सिंहासन से उठा देता है और पीटते हुए सीढ़ियों से धकेल देता है। तीन लुढ़कता हुआ नीचे आ जाता है। एक फुर्ती से उसके सीने में पैर रखकर उसकी गर्दन से भाले की नोक लगा देता है। तीन पूर्णतया परास्त हो जाता है। एक इसी मुद्रा में दो की ओर क्रूरता से देखता है।)

एक : **(दो से)** और तुम?...तुम भी बैठना चाहोगे सिंहासन पर?

(दो की हिम्मत भी जवाब दे जाती है। वह जल्दी से भूमि से उठता है और चापलूसी से हाथ जोड़ देता है।)

दो : मैंने अपना विचार बदल दिया है। मैंने सोच लिया है कि सिंहासन आप ही सँभालें। आप में बल और बुद्धि का अच्छा समन्वय है।

(एक, तीन को छोड़कर दो के पास प्रसन्न भाव से आता है। तीन जान बचाकर नेपथ्य में भाग जाता है।)

एक : शाबाश! तुम समझदार हो।

दो : **(चापलूसी से)** कृपा है राजा जी।...अब आज्ञा हो तो यह समाचार प्रजा को भी सुना आऊँ!

एक : अवश्य-अवश्य। तुम जाकर प्रजा को बताओ कि आज से हम उनके राजा हैं।

दो : **(सिर झुकाकर)** जो आज्ञा राजा जी।

(एक हाथ उठाकर उद्घोष-सा करता हुआ मंच का एक चक्कर लगाता है।)

अपना राजा चिड़ी का गुलाम! अपना राजा चिड़ी का गुलाम? अपना राजा चिड़ी का गुलाम!

(नेपथ्य में चला जाता है। एक राजसी गर्व से चलता हुआ विजय के मद में चूर सिंहासन पर बैठता है।)

एक : राजा बनाया नहीं जाता। अपनी शक्ति और सामर्थ्य से बनता है। राजा को सिंहासन दिया नहीं जाता। वह उसे अपने बाहुबल और बुद्धि-कौशल से प्राप्त करता है।

(गर्वपूर्ण अट्टहास लगाता है : मंच पर अँधेरा हो जाता है। मद्धिम प्रकाश कुछ क्षणों के बाद फैलता है। एक, असावधानी की मुद्रा में सिंहासन पर आँख मूँदे अधलेटा-सा दिखाई देता है। दो और तीन रहस्यपूर्ण ढंग से प्रवेश करते हैं। दो के हाथ में रस्सी की एक लच्छी है। उसका एक सिरा तीन को पकाड़कर, स्वयं लच्छी खोलते हुए सावधानी से बिना आहट सीढ़ियाँ चढ़कर एक के नजदीक पहुँच जाता है। उसके गले में रस्सी का एक फन्दा लगाता है और सीढ़ियाँ उतरकर मंच के दूसरे कोने में चला जाता है। अपने आपको सहेजकर वह

तीन को संकेत करता है। दो और तीन एक साथ रस्सी के अपने-अपने सिरे झटके से खींच लेते हैं। एक रस्सी के फन्दे में फँसा सिंहासन से गिरने की मुद्रा में स्थिर हो जाता है। उसके दोनों हाथ तनी हुई रस्सी को कसकर पकड़े हैं। जीभ बाहर निकली है और आँखें फैली हैं। खौफनाक मृत्यु संगीत के साथ सिंहासन और फन्दे में जकड़ा एक खूनी रंग के लाल प्रकाश में डूब जाते हैं। क्रमशः मंच पर अन्धेरा छा जाता है। केवल संगीत गूँजता रहता है। कुछ क्षणों बाद संगीत भी खो जाता है और फिर गहरी खामोशी।

मंच पर अकेला सूत्रधार पुनः दिखाई देता है।)

सूत्रधार : सत्ता और सिंहासन के लिए एक बार जो संघर्ष शुरू हुआ तो अन्तहीन छोर की तरह आज तक समाप्त होने को न आया। सत्ता और संघर्ष, शक्ति और षड्यन्त्र, समाज और शोषण, साम्राज्य और सीमाएँ तथा धर्म और धर्मान्धता के विजय-स्तम्भ गाड़ता हुआ मनुष्य सभ्य और विकासशील बना। लाखों-करोड़ों बेकसूर जिन्दा इन्सानों को मुर्दा जिस्मों में बदलकर नये साम्राज्यों का निर्माण हुआ। साम्राज्यों ने अपनी सीमाएँ फैलायीं। उन्माद और विश्वविजय की भावना ने सैनिक लुटेरों को जन्म दिया। रोम का विराट् साम्राज्य...यूनान और आटोमन...धीरे-धीरे पुरानी मान्यताएँ पुरानी हो गयीं।

(क्षणिक मौन)

नयी सभ्यताएँ चमकीं और बर्बरता के तीव्र झकोरों से सदैव के लिए बुझ गयीं।...माया और मोहनजोदड़ो रेत तथा बालू की परतों के नीचे ढक गये...।

(क्षणिक मौन)

एशिया, ब्रिटेन, फ्रान्स और स्पेन में नये साहित्य का सृजन हुआ...चित्रों में नये रंग भरे गये। नये शिल्प का निर्माण हुआ...संगीत के नये-नये स्वर उभरे। वैज्ञानिक को नया खिलौना मिला...हिरोशिमा और नागासाकी ध्वस्त हुए। पृथ्वी

चन्द्रमा तक जा पहुँचा। साम्राज्यवादी प्रवृत्ति के वशीभूत इन्सान ने चन्द्रमा पर भी अपने झण्डे गाड़ दिये। विकास और प्रगति के नाम पर उसने धधकती हुई चिताओं के अंगारों से आग तापी...।

(क्षणिक मौन)

और इतना सब कुछ होने के बाद भी, सत्ता की चमक कम नहीं हुई...सिंहासन का आकर्षण फीका नहीं पड़ा। कबीलों की सरदारशाही, राजाओं की राजशाही, अधिनायकों की तानाशाही और नये नेताओं की लोकशाही...अर्थात पुरानी तानाशाही का नया रूप, नया नाम लोकशाही।

(क्षणिक मौन)

हर युग में, हर सभ्यता ने एक नया शाही जामा पहनकर मानवता को भटकाया है। न जाने कितने लोग आये और चले गये...नश्वरता के इस अनन्त चक्र का अवशेष रह गया, सत्ता का प्रतीक यह सिंहासन जो आज भी सुपात्र की प्रतीक्षा में आहत और पीड़ित जन-समूह के काँपते हुए विश्वास को सँजोए, सुपात्र की खोज के लिए...सिसक-सिसक कर ...प्रार्थना कर रहा है।

(सूत्रधार अँधेरे में खो जाता है। सिंहासन पर प्रकाश उगता है। नेपथ्य से नारेबाजी के शोर के साथ मंच पर प्रकाश फैलता है। दो और तीन नेता को कन्धों पर उठाये प्रवेश करते हैं। एक उनके आगे है। नेता फूलमालाओं से लदा है। रह-रहकर वह सौजन्यतापूर्ण मुस्कान के साथ कभी एक हाथ उठाकर और कभी दोनों हाथ जोड़कर जैसे अपार जन-समूह का स्वागत स्वीकार करने का अभिनय करता है। एक, दो और तीन नेता के रंग की ही टोपियाँ पहने हैं।)

एक : **(समर्थन के स्वर में)** नेताजी को जिताना है।

दो-तीन : **(एक स्वर में)** सिंहासन पर उन्हें बिठाना है।

एक : नेताजी को जिताना है।

दो-तीन : सिंहासन पर उन्हें बिठाना है।

(मंच पर घूमते हुए।)

एक : जीतेगा, भाई जीतेगा।

दो-तीन : अपना नेता जीतेगा।

एक : जीतेगा भाई जीतेगा।

दो-तीन : अपना नेता जीतेगा।

(नेता को मंच के बीचोंबीच खड़ा कर उसके इर्द-गिर्द घूमते हुए।)

एक : एक बात सुनी भाई।

दो-तीन : क्या, भाई क्या?

एक : नहीं बताते।

दो-तीन : वाह, भाई वाह।

एक : जीतेगा भाई जीतेगा।

दो-तीन : अपना नेता जीतेगा।

(तालियों की लय और समर्थन के स्वरों के साथ नाचते हैं।)

एक : नेता का टेम्पो—

दो-तीन : हाई है।

एक : नेता का टेम्पो—

दो-तीन : हाई है।

एक : नेता हमारा—

दो-तीन : भाई है।

एक : नेता हमारा—

दो-तीन : भाई है!

(सूत्रधार महिला के साथ प्रवेश करता है। उन सबकी उछल-कूद देखकर वे दोनों हँसते हैं। नेता उनका स्वागत करता है और एक दो तथा तीन को शान्त होने का संकेत। वे पसीना पोंछते हुए कपड़ों की सिलवटें मिटाते सीढ़ियों पर बैठ जाते हैं।)

सूत्रधार : नेता जी आपने तो अच्छा-खासा बहुमत तैयार कर लिया।

(नेता खीसें निपोरता है।)

महिला : ये सब आपके अपने आदमी हैं नेता जी या किराये के भी?

नेता : **(मुस्कराकर जरा धीमे से)** कुछ अपने, कुछ किराये के, और कुछ विरोधी पक्ष के लोगों को तोड़ लिया है। यह तो चुनाव है, और चुनाव में हर प्रकार के हथकंडे अपनाने की छूट तो दी ही जाती है वरना...

सूत्रधार : चुनाव का मजा ही क्या? **(हँसता है।)**

महिला : **(नेता से)** आपने विरोधियों को दल बदलने की प्रेरणा इतनी जल्दी दे दी; सचमुच यह चमत्कार ही है।

नेता : हीं...हीं...हीं सब लक्ष्मी जी की कृपा है।

(हाथ जोड़कर निकट आता है।)

आप लोगों का समर्थन भी मिल जाये तो बस, सिंहासन पक्का ही समझिये।

महिला : हाँ, हाँ क्यों नहीं, आप तो अपने ही आदमी हैं।

(कटाक्ष करती हुई चली जाती है। नेता, सूत्रधार के गले में हाथ डालकर आत्मीयता दर्शाता है।)

नेता : अरे बन्धुवर, मुझे ही सुपात्र घोषित कीजियेगा। आपका जो भी आदेश होगा मुझे मान्य होगा। राजनीति का क-ख-ग पढ़ाने की आवश्यकता नहीं होगी। मैं पेशेवर राजनीतिज्ञ हूँ। आपके समर्थन का पूरा-पूरा मूल्य चुकाऊँगा।

(एक दो और तीन जो अब तक खामोशी से बैठे नेता का सारा कार्यकलाप देख रहे थे, अचानक खड़े होकर नेता के समर्थन वाली टोपियाँ उतार कर अपने पाकेट में रखते हैं और अपने-अपने रंगों वाली टोपियाँ निकालकर पहन लेते हैं। फिर पूरी उत्तेजना से नेता के विरोध में नारे लगाते हैं।)

एक : हारेगा भाई हारेगा।

दो-तीन : ऐसा नेता हारेगा।

(नेता चौंककर पीछे मुड़ता है। तीनों का यह रूप देखकर घबराहट में सूत्रधार का सहयोग उन्हें शान्त

करने के लिए चाहता है। सूत्रधार सान्त्वना स्वरूप उसके कन्धे थपथपाकर मुस्कराता हुआ नेपथ्य में चला जाता है।)

एक : हारेगा भाई हारेगा।

दो-तीन : ऐसा नेता हारेगा।

(नेता दौड़कर उनके पास जाता है।)

नेता : अरे-अरे बन्धुओ, क्या गजब करते हो? चुनाव पर इसका विपरीत असर पड़ेगा।

(तीनों विपरीत दिशाओं में घूम जाते हैं।)

एक : हमारी बला से।

दो : तुम धूर्त हो। स्वार्थी हो।

तीन : केवल अपना उल्लू सीधा करना जानते हो।

(एक आगे बढ़ता है।)

एक : हम वो नहीं जो दल बदलें।

(दो-तीन उसके पीछे।)

दो-तीन : पैसों पर नेता बदलें।

नेता : **(घबराकर)** अरे-अरे क्या बक रहे हैं आप लोग? अगर धन वितरण से असन्तोष है तो हम और धन वितरण करेंगे।

(वे कोई ध्यान नहीं देते।)

एक : जब तक भूखा इन्सान रहेगा।

दो-तीन : धरती पर तूफान रहेगा।

एक : रोटी कपड़ा और मकान।

दो-तीन : माँग रहा है यह इन्सान।

एक : नंगे भूखों का है शोर—

दो-तीन : महल न बनने देंगे और।

(नेता बौखलाहट में उनके पीछे-पीछे घूमता है।)

नेता : ओह...लगता है किसी ने आप लोगों को मेरे खिलाफ भड़का दिया है। भाइयो! मैं विश्वास दिलाता हूँ कि सिंहासन पर बैठते ही सर्वोच्च पद मैं तुम लोगों में ही वितरित करूँगा। आप लोगों को कोई भी शिकायत नहीं होगी और देश

की सुख-सम्पदा हम सब मिल-बाँट कर खा सकेंगे। प्यारे भाइयो...

एक : (**पूर्ववत्**) सिंहासन पर तुम्हें बिठायें क्यों?

दो-तीन : हम खुद ही बैठ न जायें क्यों?

नेता : अरे-अरे ऐसा न कहें आप लोग। देखिये, मैंने आपके लिए क्या-क्या नहीं किया? आपको क्या-क्या नहीं दिया?

एक : सिंहासन पर तुम्हें बिठायें क्यों?

दो-तीन : हम खुद ही बैठ न जायें क्यों?

नेता : समर्थन का मूल्य...सर्वोच्च पदों का वचन...प्रचार कार्य के लिए श्रम मूल्य, सुरा, सुन्दरी, वस्त्र, जीपें, कारें...

एक : सिंहासन पर तुम्हें बिठायें क्यों?

दो-तीन : हम खुद ही बैठ न जायें क्यों?

नेता : भाई-भतीजों, रिश्तेदारों के लिए उद्योग-धन्धे...ऊँचे-ऊँचे ओहदे ...मैंने आप लोगों को कुछ भी देने से इनकार नहीं किया...फिर भी आप लोग मेरे खिलाफ...

(टोपी उतारकर हाथ में ले लेता है और बड़ी दयनीय अवस्था में उनके पीछे घूमता है।)

एक : बैठेंगे भाई बैठेंगे–

दो-तीन : सिंहासन पर हम बैठेंगे।

एक : बैठेंगे भाई बैठेंगे–

दो-तीन : सिंहासन पर हम बैठेंगे।

(नारे लगाते हुए एक, दो, तीन नेपथ्य में जाने लगते हैं। नेता कुछ दूर तक टोपी हाथ में लिये हास्यास्पद स्थिति में उनके पीछे जाता है। अन्ततः अधीर होकर पागलों की तरह गालियाँ देता है।)

नेता : जाओ-जाओ, सालो...देख लूँगा। अभी मैं कमजोर नहीं हुआ हूँ। हरामजादो...एक-एक को अपने गुण्डों से जिन्दा न फुँकवाया तो मेरा नाम भी नेता नहीं!

(तीव्र संगीत स्वरों के साथ अन्धकार अपने यौवन पर आ जाता है। कुछ पलों तक संगीत गूँजता रहता है।

फिर क्रमशः सब कुछ शान्त हो जाता है। मंच के बायें कोने में प्रकाश अँधेरे को चीरकर महिला को उजागर करता है। महिला के चेहरे पर प्रतीक्षा के भाव हैं। बार-बार वह बेचैनी से हाथ में बँधी घड़ी में समय देखती है...उलझन बढ़ती ही जाती है।)

महिला : **(बेचैनी से)** अब तक नहीं आये...छै बजने को आया...पाँच बजे छुट्टी होती है...सवा पाँच...अधिक से अधिक साढ़े पाँच-पौने छै तक आ जाना चाहिए।

(मौन प्रतीक्षा)

ओफ...इतनी देर हो गयी...घर पर बच्चे इन्तजार कर रहे होंगे। कब तक खड़ी रहूँ इस बस स्टैण्ड पर?...अँधेरा बढ़ता जा रहा है।

(पुरुष अस्तव्यस्त-सा प्रकाश के घेरे में प्रवेश करता है। महिला उसकी ओर उन्मुख होती है।)

बड़ी देर लगा दी? कहाँ रहे इतनी देर?

(पुरुष रूमाल निकालकर पसीना पोंछता है।)

क्या हुआ आपको? इतना हाँफ क्यों रहे हैं?

पुरुष : कुछ मत पूछो, उन लोगों ने मुझे घेर लिया था।

महिला : किन लोगों ने?

पुरुष : अरे वही, जो सिंहासन पर बैठना चाहते हैं। पिण्ड छुड़ाना मुश्किल हो गया।

महिला : क्यों, ऐसा भी क्या हुआ?

पुरुष : वे चार थे। मुझे घेरकर सब अपनी-अपनी बात इस तरह से कहने लगे जैसे मैं कोई आम सभा हूँ। उनके शोर से कान पहले ही फटे जा रहे थे। साँस भी रुकने लगी। इसके पहले कि मैं बेदम होकर गिर पड़ता, न जाने किस बात पर वे आपस में ही उलझ पड़े और बुरी तरह लड़ने लगे।

महिला : फिर तुमने क्या किया?

पुरुष : जान बचाकर भाग आया।

महिला : कहीं चोट-वोट तो नहीं आयी?

पुरुष : नहीं।

महिला : चलिए गनीमत हुई...वरना ऐसे मौकों पर तो...अ...छोड़िए, तनख्वाह मिल गयी?

पुरुष : तनख्वाह...अ...हाँ, मिल गई।

महिला : लाओ, मुझे दे दो।

पुरुष : डियर, कुछ देर तो जेब गरम रहने दिया करो।

महिला : **(प्यार से हाथ फैला देती है)** डार्लिंग...ऽ...

(पुरुष हार मानकर पाकेट में हाथ डालता है लेकिन दूसरे ही क्षण चौंककर हाथ निकाल लेता है और दूसरी जेबें टटोलता है। उसके माथे पर पसीने की नन्ही-नन्ही बूँदें उभर आती हैं।)

महिला : **(सशंकित होकर)** क्या हुआ?

(पुरुष माथे का पसीना पोंछता है।)

पुरुष : लगता है भीड़ में किसी ने...

महिला : **(क्रोधित होकर)** मैं कहती हूँ तुम्हें कब अक्ल आएगी? अब अकेले मेरी तनख्वाह पर कैसे चलेगा महीने-भर का खर्च?

पुरुष : मैं किसी से उधार लेने की कोशिश करूँगा।

महिला : **(चिढ़कर)** पहले कम कर्ज है जो कोई उधार देगा?

(विवश मौन)

चलिए, थाने में रिपोर्ट लिखा दें।

पुरुष : **(हताश होकर)** क्या फायदा?

महिला : कोशिश करना हमारा फर्ज है।

पुरुष : **(घूरता है)** नहीं मानती हो तो चलो, लेकिन थाने में अपनी तनख्वाह से भी हाथ धोने के लिए तैयार रहना।

(महिला खून का घूँट निगलकर रह जाती है। पुरुष सिगरेट सुलगाता है। नेता, एक, दो और तीन खामोशी से मंच के ठीक मध्य में अर्धवृत्त बनाकर खड़े हो जाते हैं। सूत्रधार मंच के दायें कोने में आ जाता है। प्रकाश केवल महिला-पुरुष पर ही है बाकी सब अँधेरे में हैं। महिला पुनः मौन तोड़ती है।)

महिला : **(पुरुष से)** राशन कार्ड रिन्यू कराया?

पुरुष : नहीं।

महिला : राशन कैसे मिलेगा?

पुरुष : वैसे ही कब मिल जाता था? मालगाड़ियों जैसी लम्बी-लम्बी क्यू...जब तक नम्बर आये हर चीज खत्म...गेहूँ...चावल... चीनी...डालडा सब खत्म और वैसे भी अब नये आर्डर के मुताबिक हर यूनिट पर केवल एक-एक किलो चीजें ही महीने भर के लिए मिला करेंगी।

महिला : **(निश्वास लेती है)** चलो अच्छा है जी। सामान लेकर शीशे के बर्तनों में रख देंगे, महीने भर उन्हें देख-देखकर पेट भरेंगे और महीने के आखिरी दिन उनका भोग लगायेंगे।

(एक, दो और तीन पर तेजी से प्रकाश उगता है।)

एक-दो-तीन : अगर जिन्दा रहे तो।

(चुप होते ही फिर अँधेरे में।)

महिला : **(हँसती है)** क्या जमाना आया है!

(पर्स खोलकर छोटा-सा शीशा निकालती है और अपना मेकअप सँवारने लगती है।)

पुरुष : और भी कुछ सुना?

महिला : क्या?

पुरुष : सप्ताह में पानी दो दिन और बिजली केवल एक दिन ही मिला करेगी।

(प्रकाश एक दो, तीन तथा नेता पर)

नेता : अब इन लोगों को कौन समझाये कि रोज-रोज नहाने से नेचुरल ऑयल नष्ट हो जाते हैं।

एक-दो-तीन : **(एक-साथ)** स्किन खराब हो जाता है।

(चुप होते ही अँधेरे में।)

महिला : और सब तो ठीक है लेकिन अगर बिजली नहीं मिली तो इस सड़ी गर्मी में बिना पंखे और कूलर के तो जान ही निकल जायेगी।

(शीशा पर्स में रख लेती है।)

पुरुष : क्या मुसीबत है! राशन नहीं मिलेगा, बिजली नहीं मिलेगी, पानी नहीं मिलेगा, ईंधन नहीं मिलेगा...यह नहीं मिलेगा...वह नहीं मिलेगा...अच्छी आजादी मिली है...गुलामों से भी बदतर हो गये...सब कुछ अपना और अपना कहने लायक कुछ भी नहीं।

महिला : प्रकृति के आगे किसकी चलती है, फिर भी सरकार ने तो काफी प्रयत्न किये हैं।

(एक-दो-तीन प्रकाश में।)

एक-दो-तीन : **(एक साथ)** जनता को भूखों मारने के?

(फिर अँधेरे में)

महिला : तुम हर बात का उल्टा अर्थ क्यों लगाते हो?

पुरुष : तो सही अर्थ तुम ही बता दो।

महिला : देखो, आजादी हासिल करना और उसके बाद उसे बनाये रखकर जनता को सभी सुख-सुविधाएँ उपलब्ध कराना...यह सब इतना आसान तो नहीं था...

पुरुष : **(व्यंग्यपूर्वक)** इसीलिए...काफी सोच-विचार के बाद तय किया गया कि नारों का एक ऐसा पुल बनाया जाये जो चूने, पत्थर, इस्पात और कंक्रीट के स्तम्भों पर नहीं, शब्दों के आडम्बर पर टिका हो, यही न? इस योजनाबद्ध कार्य में न कोई लागत थी और न कठिनाई। बस, कुशल दिमागों की जरूरत थी।

महिला : **(हँसती है)** और ईश्वर की दया से अपने यहाँ की उपजाऊ मिट्टी ने कुशल दिमागों की कमी तो कभी महसूस ही नहीं होने दी।

पुरुष : जोशीले और वीर रस के नारों की खोज में सारे के सारे कुशल दिमाग लग गये।

महिला : तो क्या हमें आजादी नारों के पुल पर चलने से प्राप्त हुई?

पुरुष : बेशक, हमने आजादी नारों के पुल पर ही चलकर पायी है और आजादी के बाद इतने वर्ष भी इसी तरह से गुजरे हैं।

महिला : **(उन्मुक्त हँसी)** नारों का पुल...आजादी...इतने वर्ष...वाह! क्या कहने। तुम्हारे कहने का अन्दाज भी कितना खूबसूरत

और दिलचस्प है...नारों का पुल...

(हँसते-हँसते स्थिर मुद्रा में हो जाती है। पुरुष भी जैसा का तैसा रह जाता है। दोनों अँधेरे में घुल जाते हैं। सूत्रधार पर प्रकाश उगता है।)

सूत्रधार : ...और आजादी हासिल करने के इतने वर्षों के बाद भी नारों के पुल के निर्माण कार्य में कितनी तरक्की हुई...उफनती हुई नदियों के धारा-प्रवाह में सीमेण्ट और इस्पात से बने विशाल पुल ढह गये...बड़े-बड़े बाँध बह गये लेकिन आश्वासनों की सीमेण्ट और शब्द-जाल के स्तम्भों पर टिका यह महान पुल अपने सम्पूर्ण वैभव के साथ तूफानों के बीच खड़ा रहकर आज भी मुस्करा रहा है। कैसे-कैसे सुन्दर और आकर्षक नारों के स्तम्भ लगाये गये...

(सूत्रधार अँधेरे में। एक, दो, तीन और नेता पर प्रकाश)

एक : आराम है हराम।

दो : हम सब एक हैं।

तीन : शान्ति।

दो : अहिंसा।

एक : न्याय।

दो : पंचशील।

तीन : धर्मनिरपेक्षता।

दो : जय जवान—

एक-तीन : जय किसान।

नेता : और साथ में हम दो—

(नेता तीन के गले में हाथ डाल देता है। एक और दो जल्दी से उसके आगे घुटनों के बल बैठ कर मुँह में अँगूठा लगाते हैं।)

एक-दो : हमारे दो।

(पुनः अँधेरे में। महिला-पुरुष पर प्रकाश।)

पुरुष : **(हँसते हुए)** बच्चों के जन्म में फासला रखने का अच्छा और आसान उपाय...

(प्रकाश एक, दो, तीन और नेता पर। तीन जल्दी से एक और दो के बीच बैठ जाता है। तीनों हाथ उठाते हैं।)

एक-दो-तीन : सिर्फ 15 पैसे में तीन।

(अँधेरे में। प्रकाश महिला-पुरुष पर।)

महिला : **(कुछ शरमा कर)** अब रहने भी दो, बहुत हो गया।

पुरुष : वाह! रहने क्यों दूँ? क्या हर नारे में हमें अपनी खुशहाली का संसार नजर नहीं आया? हर नारे को क्या हमने अपनी आवाजें नहीं दीं...शक्ति नहीं दी?

महिला : लेकिन यह भी कौन नहीं जानता कि आखिर एक दिन...एक दिन हम नारों के साज पर आवाज लगाते-लगाते खोखले हो गये...हमारी आवाजें हमें धोखा दे गयीं...नारे असह्य हो गये...

(अँधेरे में। सूत्रधार पर प्रकाश।)

सूत्रधार : टूटती आवाजों में दम भरने के लिए एक सुनहरा ख्वाब और दिखा...अब तक जो पुल बनकर तैयार हुआ, उसकी बुनियाद गलत थी...जो नारे दिये गये वह बेमानी थे...

(अँधेरे में। प्रकाश नेता पर।)

नेता : हमें अपनी आवाजें दो...हम नये नारे देंगे। हमारे नारों को स्वर दो...हम गरीबी हटायेंगे। हमें एक मौका दो...हम समाजवाद लायेंगे। हम वादा करते हैं...पुल फिर से बनायेंगे। जय हिन्द!

एक-दो-तीन : जय हिन्द।

नेता : जय हिन्द।

एक-दो-तीन : जय हिन्द।

(नेता नेपथ्य की ओर चल देता है। उसके पीछे एक, दो और तीन।)

नेता : भारतमाता की—

एक-दो-तीन : जय हो।

नेता : भारतमाता की—

एक-दो-तीन : जय हो।

(सूत्रधार सहित एक, दो, तीन और नेता अँधेरे में नेपथ्य में चले जाते हैं। उनकी आवाजें दूर और एकदम दूर होकर विलीन हो जाती हैं। महिला-पुरुष पुनः प्रकाश में। बाकी मंच अन्धकारमय।)

महिला : **(आन्तरिक पीड़ा से)** और...और अनन्त में टिमटिमाते सितारों की रोशनी छू लेने के लोभ में, हमने एक बार फिर...अपने रोम-रोम से शक्ति बटोरकर...उनके फरेबी नारों को...अपनी आवाजें दीं।

पुरुष : परन्तु वह मनहूस पुल...जो अब तक नारों के स्तम्भों पर टिका था...एकाएक भहराकर हमीं पर गिर गया...हम दब गये...बुरी तरह से पिस गये...हम किसे आवाजें दें?...कैसे आवाजें दें?. ..हम पूरी तरह से दब चुके हैं...हम चीख भी नहीं सकते... चिल्ला भी नहीं सकते...हमारे मुँह कुचल दिये गये।

(महिला सवालिया निशान की तरह अपनी बड़ी-बड़ी आँखें पुरुष के चेहरे पर टिका देती है।)

महिला : लेकिन...तुमने भी तो कुछ नहीं किया! सबकी तरह तुम भी तो सब कुछ देखते रहे...सब कुछ सहते रहे!...तुम कुछ नहीं कर सकते...कोई कुछ नहीं कर सकता...तुम...तुम...

(उत्तेजना में पुरुष की कमीज का कॉलर दोनों मुट्ठियों में भींच लेती है।)

तुम सब नपुंसक हो...मर्द नहीं, नामर्द हो...तुम सब नपुंसक हो...नामर्द हो।

(मजबूरी और मजबूरी में कुछ न कर सकने की उत्तेजना में पुरुष की छाती पर पागलों की तरह मुक्के बरसाने लगती है। पुरुष, महिला के दोनों हाथ पकड़कर झकझोर देता है।)

पुरुष : **(चीखकर)** चुप रहो...मैं कहता हूँ चुप रहो!

(महिला के गाल पर जोर से तमाचा मारता है। महिला सन्नाटे में आ जाती है, फिर दोनों हाथों से मुँह ढाँप कर आहिस्ता-आहिस्ता पुरुष के पैरों के पास घुटनों के बल

बैठ जाती है।)

महिला : **(रुँधे गले से)** कायर...बुजदिल...बस...बस यही तुम्हारा पौरुष है?

(पुरुष किंकर्तव्यविमूढ़-सा हो जाता है। अँधेरा उन्हें अपने आँचल में सिमेटने लगता है। बढ़ते अँधेरे में केवल महिला की सिसकियाँ सुनाई देती हैं।

क्रमशः सब कुछ शान्त हो जाता है।

प्रकाश पुनः लौटता है। दो और तीन एक का समर्थन करते हुए प्रवेश करते हैं।)

एक : चिड़ी का गुलाम–

दो-तीन : जिन्दाबाद।

एक : चिड़ी का गुलाम–

दो-तीन : जिन्दाबाद।

(मंच का वृत्ताकार चक्कर लगाते हुए।)

एक : चिड़ी का गुलाम–

दो-तीन : जिन्दाबाद।

एक : चिड़ी का गुलाम–

दो-तीन : जिन्दाबाद।

(चलते-चलते दो और तीन अचानक एक से विमुख होकर चुप्पी साध लेते हैं।)

एक : चिड़ी का गुलाम–

(कोई नहीं बोलता।)

एक : **(जोर से)** चिड़ी का गुलाम–

(कोई ध्यान नहीं देता।)

एक : **(चिढ़कर)** तुम लोग बोलते क्यों नहीं?

दो-तीन : **(जैसे चौंककर)** कुछ हमसे कहा?

एक : मेरी आवाज से तुम लोग अपनी आवाज क्यों नहीं मिलाते?

दो-तीन : **(काइयाँपन से)** इसलिए कि तुम्हारी आवाज, हमारी आवाज से भी तो मिल सकती है!

एक : **(कुछ गड़बड़ाकर)** अ...यह...यह कैसे हो सकता है?

दो-तीन : क्यों नहीं हो सकता?

एक : जानते हो तुम्हारी आवाज से मिलकर मेरी आवाज कितनी बुलन्द हो जाती है?

तीन : यानी कि हमारी आवाज से मिलकर इनकी आवाज बुलन्द हो जाती है।

दो : यानी कि हमारी आवाज में कोई जादू है...संगीत है।

तीन : **(एक से)** तो ठीक है। हमारी जादू-भरी, संगीतमय आवाज से अपनी बेसुरी आवाज मिलाओ।

एक : **(बौखलाकर)** ल...लेकिन...

तीन : **(डाँटकर)** बको मत। बोलो, उल्लू का पट्ठा जिन्दाबाद।

(एक बचने का रास्ता ढूँढ़ता है।)

तीन : **(चिल्लाकर)** बोलो, उल्लू का पट्ठा—

एक : **(घबड़ाकर)** ज...जिन्दाबाद।

तीन : शाबाश। रेडी! उल्लू का पट्ठा—

एक : जिन्दाबाद।

(दो दखलन्दाजी करते हुए।)

दो : और अब बोलो, हुकुम का अड्डा—ज़िन्दाबाद।

(एक चकराकर तीन को देखता है।)

तीन : नहीं उल्लू का पट्ठा—

दो : नहीं, हुकुम का अड्डा—

(तीन और दो उलझ पड़ते हैं।)

तीन : मैं कहता हूँ उल्लू का पट्ठा—

दो : और मैं कहता हूँ हुकुम का अड्डा—

(जल्दी-जल्दी)

तीन : उल्लू का पट्ठा—

दो : हुकुम का अड्डा—

तीन : उल्लू का पट्ठा—

दो : हुकुम का अड्डा—

तीन : **(लगातार)** उल्लू का पट्ठा। उल्लू का पट्ठा। उल्लू का पट्ठा।

(एक के पास दौड़कर जाता है।)

बोलो, उल्लू का पट्ठा—

एक : (मुस्कराकर) मुर्दाबाद।

(तीन एक को खा जाने वाली नजरों से देखता है। एक जीभ चिढ़ाकर सीढ़ियों पर आ जाता है। दो खिलखिलाकर हँसता है।)

दो : शाबाश! अब आवाज से आवाज मिली है।

तीन : **(चिढ़कर)** चुप रहो सूअर! ऐसे नहीं चलेगा।

दो : फिर कैसे चलेगा?

तीन : अब बख्त आ गया है जब सब अपनी-अपनी जय-जयकार करें।

दो : **(व्यंग्य से)** यह तुम कह रहे हो?

तीन : हाँ, मैं कह रहा हूँ। चलो, चालू हो जाओ।

दो : **(प्रसन्नता से उछलकर)** हिप-हिप-हुर्रे!

एक : चिड़ी का गुलाम, जिन्दाबाद।

दो : हुकुम का अट्ठा, जिन्दाबाद।

तीन : उल्लू का पट्ठा, जिन्दाबाद।

(एक, दो और तीन अपने ही स्थानों पर लघुवृत्तों में घूमते हुए अपने-अपने समर्थन के स्वर दोहराने लगते हैं। महिला व पुरुष प्रवेश करते हैं। तीनों अपने वृत्त तोड़कर एक लाइन में हो जाते हैं और महिला-पुरुष के चारों ओर घूमने लगते हैं।)

एक : चिड़ी का गुलाम, जिन्दाबाद।

दो : हुकुम का अट्ठा, जिन्दाबाद।

तीन : उल्लू का पट्ठा, जिन्दाबाद।

(महिला-पुरुष उनके घेरे से निकलने के लिए छटपटाते हैं। नेता हाथों में दो फूलमालाएँ लिये आता है। कुछ क्षणों तक उन्हें यूँ ही देखता रहता है, फिर उनके घेरे को बलपूर्वक तोड़कर महिला-पुरुष को बाहर निकालता है।)

नेता : **(फटकारते हुए)** यह सब क्या हो रहा है? हटिये...दूर

हटिये...

(एक, दो, तीन पीछे हट जाते हैं।)

शर्म नहीं आती आप लोगों को? इनके होते हुए आप लोग अपनी-अपनी महिमाओं का बखान कर रहे हैं...हटिये, पीछे हटिये।

(तीनों लज्जित-सा महसूस करते हैं। नेता आगे बढ़कर महिला-पुरुष को मालाएँ पहनाता है।)

यह माला आप पहनिये...और आप...हाँ, हाँ संकोच मत कीजिए।

पुरुष : **(मूर्खता से)** थैंक यू...थैंक यू...

महिला : अरे यह आप क्या कह रहे हैं? मालाएँ हम लोगों को क्यों पहना रहे हैं?

(महिला के चेहरे पर आश्चर्य के भाव आ जाते हैं। नेता जैसे उनके भोलेपन पर मुस्कराता है।)

नेता : **(गद्गद होकर)** क्या जाने किस वेश में नारायण मिल जायँ? आप लोग तो जनता जनार्दन हैं। साक्षात् परमेश्वर! ये मालाएँ आपको समर्पित कर मैं धन्य हो गया। मेरा जीवन सफल हो गया...हे जनता जनार्दन...हे जनता परमेश्वर...मेरा साष्टांग दंडवत् स्वीकार करें।

(उनके चरणों के पास हाथ जोड़कर लेट जाता है। महिला की समझ में कुछ भी नहीं आता। पुरुष मूर्खता प्रकट करता है।)

महिला : यह सब क्या है, मेरी समझ में तो कुछ भी नहीं आ रहा। आप आखिर चाहते क्या हैं?

पुरुष : देखिये, आपको कोई फाइल-वाइल ठीक करानी थी...कोई काम था...कोई बिल-विल पास कराना था तो ऐसे ही कह देते। मैं सब ठीक कर देता। इतना सब करने की क्या जरूरत थी?

(नेता उसकी बातों पर कोई ध्यान नहीं देता और एक, दो, तीन को सम्बोधित करता है।)

नेता : अरे मूर्खो, तुम लोग खड़े-खड़े क्या कर रहे हो? इनकी जय-जयकार

किये बिना कुछ नहीं होगा। यह जनशक्ति हैं और जनशक्ति महाशक्ति होती है।

(तीनों को जैसे दिशा मिल गयी हो।)

एक : जनशक्ति—

दो-तीन : **(एक-स्वर में)** महाशक्ति।

एक : जनशक्ति—

दो-तीन : महाशक्ति।

नेता : अरे-अरे मुझे भी तो बोलने दो...**(हाथ उठाकर)** जनशक्ति—

तीनों : **(एक साथ)** महाशक्ति।

नेता : जनशक्ति—

तीनों : महाशक्ति।

(एक-दूसरे से ऊँचे होने की होड़ में लग जाते हैं। महिला की समझ में कुछ भी नहीं आता, वह क्रोध से चिल्ला पड़ती है।)

महिला : बन्द करो यह सब!

(सब चुप हो जाते हैं।)

आप लोग यह शोर क्यों मचा रहे हैं?

नेता : यह शोर नहीं आपकी जय-जयकार हो रही है।

महिला : लेकिन क्यों?

नेता : आप जनता जनार्दन हैं। जनता परमेश्वरी हैं।

महिला : तो?

नेता : यह सिंहासन आपका है।

महिला : **(आश्चर्य से)** मेरा?...यह सिंहासन मेरा है?

नेता : जी हाँ, आपका।

महिला : ओह!

नेता : **(विनयपूर्वक)** अब आप कृपा कर इस सिंहासन पर हम में से किसी एक को चुनकर बैठा दें।

महिला : **(व्यंग्य से)** बहुत खूब! जब यह सिंहासन मेरा ही है तो आप लोगों में से भी किसी एक को क्यों तकलीफ दूँ? क्यों न इस पर मैं ही बैठ जाऊँ।

(तीनों एक-दूसरे का मुँह देखते हैं।)

नेता : **(जल्दी से)** यह आपका है लेकिन आप इस पर बैठ नहीं सकेंगी क्योंकि युग-युगान्तर से राजा और प्रजा में भेद चला आ रहा है। आपको केवल निर्वाचन का अधिकार दिया गया है और निर्वाचन के द्वारा मन चाहे व्यक्ति को आप इस पर बैठा सकती हैं।

एक : आपका निर्णय हमें मान्य होगा।

दो : कौन बैठे, कौन न बैठे का झगड़ा भी मिट जायेगा।

तीन : हम आपके प्रति कृतज्ञ होंगे।

नेता : हम जो भी रूखी-सूखी खायेंगे, वह आपको भी खिलायेंगे और जो सिंहासन की ओर नजर भी उठाएगा, उसे हम परास्त करेंगे। इस तरह आपका पोषण भी होगा और आपके सिंहासन का रक्षण भी।

एक : इसको कहते हैं जनता का शासन।

दो : जनता का आसन।

तीन : जनता का सिंहासन।

पुरुष : **(हँसता है)** अर्थात्, मूर्खों द्वारा मूर्खों का शासन?...वेरी गुड...वेरी गुड।

(महिला पुरुष को डाँटती है।)

महिला : मैं कहती हूँ चुप भी रहिये। कभी-कभार तो सीरियस हो जाया करिये।

(नेता जल्दी से हाथ जोड़कर प्रार्थना-सी करने लगता है। तीनों उसके सुर में सुर मिलाते हैं।)

नेता आदि : हे जनता परमेश्वरी, हममें से किसी एक को सिंहासन पर बैठाकर अपनी सेवा करने का अवसर प्रदान करो।

महिला : **(संकोच से)** लेकिन...लेकिन मैं किसे बैठा दूँ? देखिये, मेरे लिए तो आप सब बराबर ही हैं।

(तीन हाथ जोड़कर जल्दी से आगे बढ़ता है।)

तीन : मुझे बैठा दीजिए।

महिला : आपको...आप इस पर बैठना चाहते हैं?

तीन : हाँ, मेरी बहुत इच्छा है इस पर बैठने की।

(दो, तीन को पीछे कर देता है।)

दो : लेकिन मैं केवल इच्छा के लिए ही नहीं बैठूँगा। कुछ करूँगा भी।

(एक, दोनों से आगे निकल आता है।)

एक : और मैं कुछ ही नहीं, बहुत कुछ करूँगा।

नेता : देखिये, इन लोगों की बातों पर आप जरा भी ध्यान मत दीजिए। सिंहासन पर मुझे बैठाकर ही आप सच्चा सुख प्राप्त कर सकेंगी।

तीन : (जल्दी से) मैं आपको परम सुख दूँगा।

दो : मैं आपके लिए घी और दूध की नदियाँ बहा दूँगा।

एक : मैं चाँदी की खेती करूँगा और सोने के पेड़ लगाऊँगा।

तीन : और मैं हीरे-जवाहरात उगाऊँगा।

दो : मैं खुशियों के बाग और आशाओं के महल बनाऊँगा।

एक : मैं ऐश्वर्य के फूल खिलाऊँगा।

तीन : और मैं आसमान से तारे तोड़ लाऊँगा।

महिला : (व्यंग्य से हँसती है) न तो तुझे आसमान के तारे चाहिए, न ऐश्वर्य के फूल। न खुशियों के बाग और न आशाओं के महल। चाँदी के खेत और सोने के पेड़ लहलहायेंगे तो लुटेरे फिर से हमें लूटने चले आयेंगे। घी और दूध की महक से तो अब अपच होने लगा है, नदियाँ बहने लगेंगी तो कितने दिन जिन्दा रह सकूँगी?...और सुख...सच्चा सुख...परम सुख तो इस नश्वर शरीर को त्यागने के बाद ही अब मिलेगा।

तीन : (तत्परता से) अगर मरने के बाद ही सुख मिलेगा, तो मैं आपके मरने का प्रबन्ध भी कर दूँगा।

दो : (तीन से) ए...ऽऽ...यह प्रबन्ध तुम ही क्यों, मैं नहीं कर सकता?

एक : (अत्यन्त विनयपूर्वक) अगर आप मरना ही चाहती हैं; तो मेरे साथ चलिये। मैं आपके लिए चन्दन, धूप और शुद्ध देशी घी से एक बहुत ही भव्य और महकती हुई चिता बनवा दूँगा। सुख

की सीढ़ी पर बैठिये और आधे घण्टे के अन्दर परम सुख को प्राप्त कीजिए।

नेता : **(एक से)** और मूर्ख, आधा घण्टा तो बहुत है। **(महिला से)** यह कार्य करने का अवसर मुझे दीजिए। मैं इलेक्ट्रिक फर्नेस के द्वारा कुछ सेकिण्डों में यह छोटी-सी सेवा कर दूँगा।

(महिला पुरुष क्रोध की अधिकता से कुछ भी कहने में अपने आप को असमर्थ पाते हैं।)

एक : **(अपनी धुन में)** हे जनता परमेश्वरी, हममें से कौन बैठे सिंहासन पर?

दो : हमारी उतावली बढ़ती जा रही है।

तीन : हमारे धैर्य का बाँध टूटना चाहता है।

नेता : मैं आजीवन प्रतीक्षा कर लूँगा लेकिन यह सिंहासन मुझे ही दीजिए। मुझ से अच्छा सेवक और कौन हो सकता है?...हे जनता परमेश्वरी...

(महिला अधीर होकर उबल पड़ती है।)

महिला : बस करो। मुझे नहीं चाहिए किसी की सेवा।

(तीनों चौंक जाते हैं।)

तीनों : **(एक साथ)** यह आप क्या कह रही हैं?

नेता : **(हाथ जोड़कर)** अगर हमसे कोई गलती हो गयी है तो अबोध जानकर क्षमा करो...हे जनता...

महिला : चुप रहो। यह सिंहासन तुममें से किसी को नहीं मिलेगा। तुम सब धूर्त हो...धोखेबाज हो...मक्कार हो...सेवा...सेवा...सेवा के नाम पर तुम अब तक हमारा शोषण करते आये हो और अब यह सेवा मैं तुममें से किसी को नहीं करने दूँगी।

(सबकी मुद्राएँ बदल जाती हैं।)

एक : लेकिन सिंहासन खाली तो नहीं रहेगा?

दो : किसी न किसी को तो बैठना ही होगा?

तीन : तुम किसे बैठाओगी?

महिला : किसी को भी, पर तुममें से किसी को भी नहीं।

तीनों : **(एक साथ)** फिर भी वह कौन होगा?

महिला : **(आगे बढ़ती है)** कोई भी...जो मुझे दो जून रोटी दे सके...सुख और चैन की रोटी। धोखा और फरेब के सुनहरे थालों में मुझे तुम्हारे छप्पन प्रकार के भोजन नहीं चाहिए। मुझे केवल रोटी चाहिए...सूखी रोटी...जिसमें धरती की सौंधी-सौंधी महक उठ रही हो। परिश्रम की गन्ध आ रही हो...और ऐसी रोटी तुममें से कोई नहीं दे सकेगा।...तुम...तुम सब जा सकते हो...मुझे तुम्हारी शक्लें देखकर घिन आ रही है।

(सभी सिर झुकाकर पीछे घूम जाते हैं। महिला पुरुष का हाथ पकड़ती है।)

चलिये...सिंहासन पर आप बैठिये।

(पुरुष घबराकर हाथ छुड़ाता है।)

पुरुष : नहीं-नहीं, मैं नहीं बैठूँगा। मुझे तो उसे देखते ही डर लगता है।

महिला : **(डाँटती है)** कायरों जैसी बातें मत करो। चलो।

पुरुष : अरे डियर छोड़ो भी, मुझे नहीं बैठना। तुम्हें बैठना हो तो बैठ जाओ।

महिला : **(जिद करती है)** नहीं, तुम्हें बैठना होगा।

पुरुष : **(समझाता है)** मैं कहता हूँ इन सब चक्करों में हमें नहीं पड़ना चाहिए। हम भले घर के शरीफ लोग हैं...बाल-बच्चों वाले इज्जतदार आदमी हैं। इससे हमें कोई लाभ नहीं होगा। न घर के रहेंगे न घाट के।

(सभी लोगों से)

देखिये, सज्जनो...भाई साहब...

(सभी लोग घूम जाते हैं।)

आपमें से जो भी बैठना चाहे, इस पर बैठ सकता है। हमें क्षमा करियेगा। हमारे पास टाइम नहीं है।

(महिला की बाँहों में बाँह डालकर।)

आओ डार्लिंग, हम घर चलें। बच्चे इन्तजार कर रहे होंगे।

(महिला हाथ झटक देती है।)

महिला : अरे वाह, घर चलें! मैं कहती हूँ तुम जैसे लोगों के कारण ही इनकी बन आती है। अपनी ही चीज और उसे छोड़ दें...और

वह भी इन निकम्मों की खातिर?

(पुरुष का हाथ पकड़ कर खींचती है।)

चलिये, आपको बैठना होगा।

(पुरुष को सिंहासन की ओर खींचती है। नेता फुर्ती से ठीक सिंहासन के सामने आ जाता है और एक, दो, तीन को संकेत करता है। एक महिला की कलाई थाम लेता है। दो-तीन, पुरुष को खींचकर महिला से अलग कर देते हैं। महिला चिल्लाती है।)

महिला : छोड़ दो उन्हें...उन्हें छोड़ दो।

(पुरुष छूटने के लिए खींचातानी करता है और दो-तीन पर भारी भी पड़ता है। एक, महिला को छोड़कर दो-तीन की सहायता करता है। महिला पुरुष की ओर लपकती है लेकिन नेता उसका हाथ मजबूती से पकड़ लेता है। एक, दो और तीन, पुरुष को बेरहमी से मारते हुए नेपथ्य की ओर ले जाते हैं। पुरुष चिल्लाता है।)

पुरुष : छोड़ दो...मुझे छोड़ दो...मेरे बच्चे मेरा इन्तजार कर रहे होंगे ...मेरा घर...मेरी बीवी...आह छोड़ दो...कुत्तो...

(उसके चीखने-चिल्लाने की दम तोड़ती आवाजें क्रमशः दूर हो जाती हैं। महिला आर्तनाद करती है। नेता उसे छोड़ देता है। महिला बेबसी से फफककर रो पड़ती है।)

महिला : क्यों मारा...उन्हें क्यों मारा...क्या किया था उन्होंने? वे बेकसूर थे। कहाँ ले गये वे लोग उन्हें? कितना ठीक कहा था उन्होंने हम बाल-बच्चों वाले हैं। इन चक्करों में हमें नहीं पड़ना चाहिए था...तुम लोगों ने उन्हें कितनी बेरहमी से मारा...

(नेता आगे बढ़कर उसे सान्त्वना देता है।)

नेता : रोना बन्द करो...छिः...रोना तुम्हें शोभा नहीं देता।

(महिला का रुदन सिसकियों में परिणित हो जाता है।)

मैंने पहले ही कहा था, वे लोग ठीक नहीं हैं। चुप हो जाओ। आँसू पोंछ डालो। इन्हें इस तरह नहीं बहाया जाता। ये अनमोल हैं। इन्हें किसी राष्ट्रनेता की मौत पर बहाने के लिए शेष रखो।

चुप हो जाओ।

(महिला आँसू पोंछती है। उसकी सिसकियाँ भी क्रमशः थमकर रुक जाती हैं।)

महिला : **(दर्दीले स्वर में)** अब...अब मैं क्या करूँ?

नेता : भूल जाओ उन सबको और मुझे अपनी सेवा करने का मौका दो।

महिला : किस तरह?

नेता : सिंहासन पर बैठाकर।

महिला : क्या करोगे तुम?

नेता : तुम्हारी देखभाल।

महिला : क्या हो गया है मुझे?

नेता : तुम कष्ट में हो।

महिला : हाँ, मैं कष्ट में हूँ।

नेता : तुम तकलीफ में हो।

महिला : हाँ, मैं तकलीफ में हूँ।

नेता : तुम यन्त्रणा भोग रही हो।

महिला : **(टूटे स्वरों में)** हाँ...मैं यन्त्रणा भोग रही हूँ...सदियों से यन्त्रणा भोग रही हूँ...सदियों से...जिसने चाहा...मेरे साथ बलात्कार किया...मनमानी की...खिलवाड़ किया...लूट-खसोट की...राजतन्त्र ने भी...और प्रजातन्त्र ने भी...देशी राजाओं ने भी ...और विदेशी राजाओं ने भी...हर एक ने यही किया...हर बार यही हुआ...हर बार यही हुआ...

(एक झटके से प्रवेश करता है।)

एक : लेकिन इस बार वह सब नहीं होगा जो हर बार हुआ है। इस बार यह एक वह सब नहीं होने देगा जो हर एक ने किया है।

महिला : **(कराहती आवाज में)** लेकिन क्यों? क्यों इस बार वह सब नहीं होगा...जो हर बार हुआ है? इस बार यह एक वह सब क्यों नहीं होने देगा...जो हर एक ने किया है?

एक : इसलिए कि यह एक हर एक जैसा नहीं है।

नेता : **(महिला से)** इसकी बातों में मत आना।

(**दो तेजी से आता है।**)

दो : सचमुच यह एक झूठा है। यह वही सब करेगा जो हर एक ने किया है। इस बार तुम इस दो को देखो, यह तुम्हारा सच्चा हितैषी और शुभचिन्तक है। यह दो तुम्हारा पोषण करेगा, तुम्हारा रक्षण करेगा और तुम्हें वह सब देगा, जो अब तक किसी ने नहीं दिया।

(**महिला हँस पड़ती है, एक खोखली हँसी।**)

महिला : पहले भी सब यही कहते रहे हैं। हर बार मैं उनके धोखे में आ जाती हूँ। वह धोखा देकर निरंकुश हो जाते हैं...फिर कोई पोषण और रक्षण की बात नहीं करता...सब भक्षण करने में लग जाते हैं।

दो : मेरा यकीन करो।

महिला : किस-किस का यकीन करूँ?

नेता : इसकी बातों पर विश्वास नहीं किया जा सकता।

(**तीन भी प्रवेश करता है।**)

तीन : बिलकुल ठीक। यह झूठा है और यह दो महा झूठा। यह तीन है, जिस पर तुम पूरी तरह से विश्वास कर सकती हो।

महिला : यह भी मैं पहली बार नहीं सुन रही हूँ।

तीन : लेकिन यह तुम पहली बार सुनोगी कि यह तीन तुम्हारी सदियों की यन्त्रणा को मिटा देगा। तुम्हारे सभी जख्मों को भर देगा। तुम्हारी सब व्यथाएँ धो देगा...यह तीन एक नया कीर्तिमान स्थापित करेगा।

महिला : (**व्यंग्य से**) नया कीर्तिमान! (**हँसती है।**)

(**तीन धैर्य खोकर धमकाता है।**)

तीन : हँसो मत। सिंहासन पर मुझे बैठाओ, नहीं तो...

महिला : (**हँसती है**) नहीं तो? हाँ-हाँ, रुक क्यों गये? नहीं तो तुम मुझ पर जुल्म ढाओगे? मेरी नंगी पीठ पर कोड़े बरसाओगे? मुझे गोलियों से भून डालोगे? (**घृणा से**)...आ गये न अपनी औकात पर?

(**झटके से पीठ नंगी कर देती है।**)

लो बरसाओ कोड़े...जुल्म ढाओ...छलनी कर दो, आग की लपलपाती गोलियों से...

(नेता बीच में आ जाता है।)

नेता : लेकिन मैं यह सब कुछ भी नहीं होने दूँगा। मैं इन सबसे अलग परम अहिंसावादी हूँ। तुम मुझे एक मौका दो। मैं तुम्हारा उद्धार करूँगा। नया रूप दूँगा। तुम्हें खुशियों से इतना लाद दूँगा कि तुम खुशी से पागल हो जाओगी।

महिला : पागल...**(विक्षिप्त हँसी)** मुझे पहले ही इतनी खुशियाँ मिल चुकी हैं...कि मैं खुशी से पागल हो गयी हूँ। अब मैं कोई और खुशी सँभाल नहीं सकूँगी।

नेता : **(आतुरता से)** मेरा विश्वास करो...मुझे मौका दो...केवल एक मौका...मैं वादा करता हूँ...

(महिला खुलकर अट्टहास करती है।)

महिला : वादा...मौका...विश्वास...कितने निरर्थक और खोखले शब्द हैं...कितने बेजान...बेमानी...मुर्दा...**(सीढ़ियों के पास आ जाती है।)**

(नेता व्याकुल होकर आगे बढ़ता है।)

नेता : नहीं, नहीं...ऐसा मत कहो...मुझे सिंहासन पर बैठाकर तो देखो...

(एक तेजी से नेता का रास्ता रोक लेता है।)

एक : **(नेता से)** ए...ऽ...ऽ...ऽ...पीछे हटो। यह सिंहासन तुम्हारी पुश्तैनी सम्पत्ति नहीं है जो तुम्हें मिलनी ही चाहिए।

नेता : मैं इसे लेकर ही रहूँगा। मैंने इसके लिए अपनी नैतिकता को कुर्बान किया है। सच्चाई का गला घोंटा है। मैं इसे लेकर ही रहूँगा। मेरे रास्ते से हट जाओ।

(नेता और एक परस्पर गुँथ जाते हैं। दो आगे बढ़ता है, उसके साथ ही तीन भी।)

दो : तुम दोनों बाहर निकलो।

(दो भी उनमें गुँथ जाता है।)

तीन : और मैं कहता हूँ तुम तीनों बाहर निकलो। तुममें से कोई भी

इस काबिल नहीं है जो सिंहासन पर बैठ सके...बाहर निकलो ...सब बाहर निकलो...सिंहासन पर मैं बैठूँगा।

(तीन उन्हें धक्का देकर बाहर करना चाहता है लेकिन वे उसे भी अपने साथ उलझा लेते हैं। सभी परस्पर गुँथ जाते हैं। एकाएक नेता एक झटका देता है, सब छिटक जाते हैं।)

नेता : **(चिल्लाकर)** हट जाओ...मैं बैठूँगा।

एक : मैं बैठूँगा।

दो : मैं बैठूँगा।

तीन : मैं बैठूँगा।

(सभी चेहरे पर क्रूरता के भाव लिये, हाथ फैलाकर सिंहासन की ओर धीरे-धीरे बढ़ते हैं। महिला दौड़कर सीढ़ियाँ चढ़ती है और सिंहासन के सामने, उसे घेरकर खड़ी हो जाती है। आँखों में चमक और दृढ़ता के भाव आ जाते हैं।)

महिला : **(चीखती है)** रुक जाओ...

(नेपथ्य से सूत्रधार की गम्भीर आवाज सुनाई देती है।)

सूत्रधार : **(नेपथ्य से)** संघर्ष रोक दो।

(वे बढ़ते जाते हैं।)

महिला : एक कदम भी आगे मत बढ़ो...तुम्हारे जुल्म और अन्याय मेरे धैर्य की सीमाएँ तोड़ चुके हैं।

(वे नहीं मानते।)

सूत्रधार : **(नेपथ्य से)** संघर्ष रोक दो।

महिला : रुक जाओ...तुम्हारा एक भी कदम...तुम्हारे लिए घातक होगा।

(वे अट्टहास करते हैं।)

मैं कहती हूँ रुक जाओ...वरना तुम्हारी लाश ही सिंहासन पर बैठेगी।

सूत्रधार : **(नेपथ्य से)** संघर्ष रोक दो। संघर्ष नहीं सुपात्र चाहिए। संघर्ष का सूत्रपात करके एक और युद्ध को जन्म मत दो। युद्ध, महायुद्ध और महायुद्ध, महाप्रलय की सृष्टि भी कर सकता है।

(सब अपने-अपने स्थान पर स्थिर हो जाते हैं। सूत्रधार मंच पर आता है और दर्शकों को सम्बोधित करता है।)

(दर्शकों से) आमन्त्रित सज्जनो? क्या आप इन भद्र पुरुषों को सुपात्र कहेंगे? यदि हाँ, तो इस खाली सिंहासन पर आप स्वयं आकर इन्हें बैठा दें और बैठाये रखिये।...

(एक, दो, तीन और नेता अपनी मुद्राएँ भंग कर एक पंक्ति में सिर झुकाकर खड़े हो जाते हैं। महिला भी आहिस्ता-आहिस्ता सीढ़ियों से उतर आती है।)

...अन्यथा, सिंहासन खाली है और मुझे तलाश है एक सुपात्र की जो इस सिंहासन पर बैठकर सत्य अहिंसा और न्याय की प्रतिष्ठा कर सके...शान्ति और मानवता की रक्षा कर सके।

(क्षणिक मौन, फिर ऊँचे स्वर में)

तलाश है...मुझे तलाश है...सुपात्र की...क्योंकि सिंहासन खाली है...सिंहासन खाली है...और मुझे तलाश है...जब तक... सिंहासन...खाली...है।

(एक, दो, तीन और नेता मंच से वापस जाने की मुद्रा में स्थिर हो जाते हैं, महिला उनसे विपरीत दिशा में। सूत्रधार आह्वान की मुद्रा में है। क्रमशः बढ़ते अँधेरे में धीरे-धीरे सब कुछ खो जाता है और रह जाता है केवल सूना, अकेला खाली सिंहासन।)

□□